釈尊の出家

仏教の原点から探る出家の意味とは

大川隆法
Ryuho Okawa

まえがき

著者二千二百書刊行記念の本書が、『釈尊《しゃくそん》の出家《しゅっけ》』というテーマになったのは、ある種の皮肉《ひにく》かもしれない。これは、二千二百書を出してまだ、「悟りの原点」を語らねばならなかったことを意味するからである。

釈尊の「出家」「成道《じょうどう》」「降魔《ごうま》」は永遠のテーマである。人生において真実を求める、あるいは、悟りを求める者なら、避けては通れない分岐点《ぶんきてん》だからである。

この二千五百年余り、いろんな国で、様々な立場の人々が悟りを求めて出家してきた。多くの人が、家族や友人、知人、仕事仲間との別《わか》れを経験したことであろう。仏教では道に入《はい》るために捨てなくてはならぬものがたくさんある。しかし、それはまだ出発点にしかすぎない。

ついには肉体への執着《しゅうちゃく》と対決することによって、「永遠《えいえん》の生命《せいめい》」を悟るに到《いた》る。

本書は、現代語で、「出家」と「悟り」の周辺をサラッと語ってみた。大切な入門の一書かと思う。

二〇一七年　三月二日

幸福《こうふく》の科学《かがく》グループ創始者兼総裁《そうししゃけんそうさい》　大川隆法《おおかわりゅうほう》

釈尊の出家　目次

まえがき　1

釈尊《しゃくそん》の出家《しゅっけ》

――仏教の原点から探《さぐ》る出家の意味とは――

二〇一七年二月二十六日　説法《せっぽう》
幸福の科学　特別説法堂にて

釈尊《しゃくそん》の出家《しゅっけ》

―仏教の原点から探《さぐ》る出家の意味とは―

二〇一七年二月二十六日　説法《せっぽう》

幸福の科学　特別説法堂にて

1　釈尊《しゃくそん》が出家《しゅっけ》した時代の社会的背景とは

オリジナルに戻《もど》って、「釈尊の出家」に関する話をしたい

最近、「出家《しゅっけ》」という言葉がよく出回っています。知っていて当然の言葉かと思っていましたが、一般《いっぱん》の方にはなかなか分かりにくい面もあるようです。

出家に関し、現在ただいまのことを言う気はあまりないのですが、オリジナルに戻《もど》って、「釈尊《しゃくそん》の出家」のあたりについて少し話をしてもよいのではないかと思います。

私にとってはもう常識的なことなので、あまり言っていないのですが、今は本を読む人が少なくなり、仏伝《ぶつでん》等をわざわざ読む人もそれほどいないのかもしれな

いと思いますし、幸福の科学の本でそのへんを説いたものも、そう多くはないかもしれません。

また、少し前にリクエストもありましたので、本日は、「釈尊の出家」をめぐって話をしてみようと思います。

いずれにしても、今からもう二千五百年も二千六百年も前の話になり、時代性や地域性が違《ちが》い、人間の生活様式もかなり違うので、それがそのまま現代に当てはまるものではないと思っています。

ただ、そのままは当てはまらないけれども、考え方や生き方に関しては、一部、現代でも参考になるものがあるのではないかと考えています。

「お釈迦《しゃか》様」は「釈迦族の偉《えら》い人」というぐらいの意味

ゴータマ・シッダールタ、「釈尊」といわれる人は、どういう人でしょうか。

釈尊《しゃくそん》の「出家《しゅっけ》」「成道《じょうどう》」「降魔《ごうま》」は
永遠のテーマである。
人生において真実を求める、
あるいは、悟《さと》りを求める者なら、
避《さ》けては通れない分岐点《ぶんきてん》だからである。

（「まえがき」より）

今はインドとネパールの間に国境がありますけれども、当時はその国境がなかった時代です。今で言うと、北インドからネパールに少し入った辺《あた》りでしょうか、正確な距離《きょり》は分かりませんが、二キロぐらいネパール領に入った辺りに、「カピラヴァスツ」がありました。

よく「カピラ城《じょう》」と訳されていますが、都市というか、城下町というか、そういうお城があって、その周りに、「釈迦国《しゃかこく》（シャキャ国）」という国があったと言われています。

今は「お釈迦様」とよく言われるのですが、これは実は「釈迦族」という民族の名前であり、「釈迦族の偉《えら》い人」というぐらいの意味の言葉なのです。

例えば、私なら、徳島県に生まれたので、「徳島様」か「阿波《あわ》の殿様《とのさま》」と呼ばれることに当たるでしょう。そのようなものだと思ってください。「阿波の殿様」という感じの言い方なので、正確な言い方ではありません。

釈尊の一族のことを、「釈種《しゃくしゅ》」と言ったり、「釈迦族」と言ったりします。

強国コーサラ国の属国的な位置づけだった釈迦国《しゃかこく》

当時のインドには十六の大国があったと言われています。ある意味では戦国時代であり、中国で言えば「春秋《しゅんじゅう》戦国時代」のようなものだったかと思います。

そのなかでも大きいのは「マガダ国」と「コーサラ国」という二大強国で、両国はいつも争いをしていました。当時も

約2600年前の古代インドでは、16の大国が覇を競っていた。釈尊は悟りを開いた後《のち》、コーサラ国とマガダ国を中心に伝道の旅を行《おこな》った。

政略結婚《けっこん》はあって、娘《むすめ》を嫁《よめ》にやったりしながら親戚《しんせき》になってはいたのですが、両国の間には戦争が絶えなかったようです。

コーサラ国とマガダ国は接しているのですが、その二大強国のうち、やや北のほうにあったコーサラ国の属国的な位置づけの国が、釈迦《しゃか》族の釈迦国だったのです。

そういう関係であり、今で言えば、日米同盟でアメリカと日本がつながっているような感じでしょうか。あるいは、当時の釈迦国は、アメリカのなかで言えば、ハワイのようなものだったかもしれません。交流もあったようではありますが、コーサラ国のほうが強国で威張《いば》っていたわけです。

コーサラ国には、波斯匿王《はしのくおう》（プラセーナジット王）という、仏教を庇護《ひご》した有名な国王も出ていますが、マガダ国にも仏教を庇護する国王（ビンビサーラ王）が出ています。敵対している国同士なのですが、両国で釈尊は「国師」のような扱《あつか》い方をされていました。

コーサラ国には「祇園精舎《ぎおんしょうじゃ》」、マガダ国には「竹林《ちくりん》精舎」があった

コーサラ国には有名な「祇園精舎《ぎおんしょうじゃ》」がありました。「祇園精舎の鐘《かね》の声」と言いますが（『平《へい》家《け》物語』の冒頭《ぼうとう》の言葉）、ここはお寺ではなかったので、鐘はなかったことが分かっています。

今、レンガ積みの跡《あと》が復元されていますが、やはりレンガ積みの建物であったと思いますし、最初は、おそらく、木造ぐらいではなかったかと思われますが、お寺の鐘のようなものがあったわけではありません。それを知らない日本の人たちが「鐘の声」と表現したのでしょう。

祇園精舎跡。コーサラ国のスダッタ長者とジェータ太子が寄《き》進《しん》した園《その》には、7階建ての祇園精舎と60の宿所が建てられたと言われている。

一方、マガダ国には、「竹林精舎《ちくりんしょうじゃ》」という、もう一つ有名な精舎がありました。そこには竹林《たけばやし》があって、なかに大きな池があります。インドの池は四角い池で、階段状になっており、階段の半《なか》ばから下は水のなかに入っているので、階段を下りていけば、沐浴《もくよく》することができます。

インドでは、お風呂《ふろ》に入らず、池や川などで水に体を沈《しず》め、清めます。裸《はだか》にはならなくて、着物を着たままなのですが、インドの気候だとすぐに乾《かわ》くので、それほど心配する必要はないのです。

タイでもそうです。「雨、スコールに打たれても平気だよ。すぐ乾くから」と

竹林精舎跡。マガダ国のビンビサーラ王が寄進した竹林精舎には沐浴用の池があり、その近郊には幾つかの僧院が建てられた。

言われるのですが、確かに、濡《ぬ》れても一時間ぐらいしたら乾いてしまいます。

「インドには、季節は、ホット（hot）、ホッター（hotter）、ホッテスト（hottest）しかない（笑）。『暑い』のレベルが違うだけだ」と言われているので、女性がサリーを着たままで沐浴しても、おそらく、すぐに乾いたのだろうと思います。

当時も、水に入る習慣はあったようです。

日本にはネパール人の幸福の科学信者もかなり多く、ネパール国内にも信者は万の単位でいるのですが、私が「インドに生まれた釈尊は……」と言うと、ネパール人の信者の方から、ときどき、愚痴《ぐち》とクレームが合わさったようなかたちで、「先生は、どうして、ネパールと言わず、いつもインドと言うのですか」と言われることがあり、「ああ、そうだ、そうだ。忘れていた」と思うことがあります。

そのため、「ネパールを言わないと怒《おこ》られる」と思い、あえてネパールのことを強調して言ったりするわけですが、釈尊は、そのネパールとインドの国境に近い所にあったカピラヴァスツに、王子として生まれたのです。

父はシュッドーダナ王（浄飯王《じょうぼんのう》）、母はマーヤー（摩耶夫人《まやぶにん》）

釈尊のお父様は「シュッドーダナ王」と呼ばれており、漢語では「浄飯王《じょうぼんのう》」といわれています。「浄《きよ》らかなご飯《はん》の王様」ということですが、これを見ると、「稲《いな》作《さく》が行われていて、白いお米が非常に尊いものだった」ということがよく分かります。釈迦族は、お米をつくっていたのです。

日本でもそうであったように、「白いご飯が食べられる」ということは、とても幸福なことだったのだと思われます。

お母さんは「マーヤー」といわれていますが、マーヤーには、「幻《まぼろし》」という意味もあるので、実際にマーヤーという名前であったかどうかは、やや怪《あや》しいところもあります。

「釈尊を産んで一週間ぐらいで帰天《きてん》した」と言われていて、幻のような人生ではあったので、そのように呼ばれているのかもしれませんが、このへんについては、よくは分かりません。

漢語では「摩耶夫人《まやぶにん》」といわれています。偉い人の奥《おく》さんの場合、「夫人《ふじん》」と書いて、「夫人《ぶにん》」と読むことがよくあります。

釈尊は、浄飯王と摩耶夫人の間に生まれたわけです。

里帰りの途中《とちゅう》で急に出産した摩耶夫人《まやぶにん》

摩耶夫人《まやぶにん》は、妊娠《にんしん》してお腹《なか》が大きくなったので、カピラヴァスツから出て里帰りをしようとしました。当時も、お産のために里帰りをする習慣があったのです。

今の国境線で言うと、ネパール側から北インドのほうに数キロか十キロぐらい行くような距離だと思いますが、その移動の間、侍女《じじょ》などに囲まれ、護衛に護《まも》られながら、当時の輿《こし》のようなものに乗っていました。

ところが、道中、輿が揺《ゆ》れたりするので、思いのほか早く陣痛《じんつう》が来てしまい、旅の途中《とちゅう》、ルンビニー（今のネパール領）という所で破水《はすい》し、急に出産ということになりました。取るものも取りあえず、四方《しほう》の木々の間に幕をめぐらせ、そのなかで出産したのです。

インドでは立ったまま出産するので、「木の枝につかまり、そして、ウンウン力《りき》んで出産する」というかたちでした。

そういうシーンが映画で描《えが》かれたりもしますが、そのようにして釈尊は生まれたのです。

「天上天下唯我独尊《てんじょうてんげゆいがどくそん》」という言葉が意味するもの

ここからあとの話は、もちろん、伝説と見てもらってもよいと思うのですが、「偉い人の生まれ方は普通《ふつう》であってはいけない」ということで、いろいろと脚色《きゃくしょく》されることもあり、釈尊にも、「生まれてすぐ、東西南北に向かって七歩歩いた」という説もあります。

さすがに、「これはちょっと厳しいのではないか」と思うのですが、今、仏教徒は、それを「嘘《うそ》だ」と言って問題にしたりはしないで、「ああ、偉い方の場合には、そういうこともあるでしょう」というような感じでいます。

「誕生仏《ぶつ》」という小さな仏像がありますが、その仏像で、釈尊は、片手の指を上に向け、もう一方の手の指を下に向けています。釈尊は、生まれたあと、そのような姿勢で、「天上天下唯我独尊《てんじょうてんげゆいがどくそん》」、つまり「天の上にも天の下にも、われより尊きものなし」という言葉を言ったと言われています。

もちろん、仏教を理解していない方や他宗教の方からは、この言葉に対して、「傲慢《ごうまん》だ」という言い方をされることもあります。「『自分より偉い人は天《てん》上《じょう》にも天下《てんげ》にもいない』という、うぬぼれたことを言うのは、けしからん」というような批判が、他宗教などをやった方から、出ることがあるのです。

しかし、それは読みとしては浅いかもしれません。

「赤ちゃんとして釈尊が生まれて、普通の人間のように育てられ、やがて悟《さと》った」ということになってはいるのですが、仏教徒には、おそらく、それに抵抗《ていこう》する気持ちもあったのだと思うのです。

誕生釈迦仏立像と灌仏盤《かんぶつばん》（東大寺所蔵）。

キリスト教では、イエスの母はマリアで、父は大工《だいく》のヨセフですけれども、マリアがイエスを受胎《じゅたい》したことによって、父親のヨセフは捨象《しゃしょう》されてしまい、いるのか、いないのか、分からないようになってしまいました。夫がいるのに「処女懐妊《かいにん》」ということになっていて、「聖霊《せいれい》によって身ごもり、イエスが生まれた」と言われています。

偉い人が生まれるときに、「聖霊によって宿《やど》った」とあえて言いたかったのは、男女の交《まじ》わりで生まれたとされると、普通の人間と同じであり、煩悩《ぼんのう》のうちに生まれたように見られるのが嫌《いや》だからでしょうが、カエルではないので、卵を針でつついただけで生まれたりはしないと思うのです。

この「天上天下唯我独尊」も似たようなもので、「本当は最初から尊い方だったのだ」という信仰《しんこう》の面から出てきた話ではないかと思います。

そのように、釈尊が生まれてすぐに歩くこともすごいのですが、釈尊誕生のとき、「蓮《はす》の花がたくさん咲《さ》いた」「木がお辞儀《じぎ》をするように傾《かたむ》いた」など、奇瑞《きずい》というか、「尊いしるし」があったと言われています。

仏教では道に入《はい》るために
捨てなくてはならぬものがたくさんある。
しかし、それはまだ出発点にしかすぎない。
ついには肉体への執着《しゅうちゃく》と対決することによって、
「永遠《えいえん》の生命《せいめい》」を悟るに到《いた》る。

（「まえがき」より）

2　少年期・青年期の釈尊《しゃくそん》はどのような気質だったのか

釈尊を産んで一週間後に亡《な》くなった摩耶夫人《まやぶにん》

ところが、釈尊《しゃくそん》を産むと、一週間ぐらいで摩耶夫人《まやぶにん》は亡《な》くなってしまいました。おそらく、産褥熱《さんじょくねつ》によるものと思われますし、旅行中に産んだので、衛生上の問題もあったのだと思います。蒸《む》し暑い国なので、黴菌《ばいきん》などの問題が、いろいろとあったのだと思うのです。摩耶夫人は、釈尊を産み落としたあと、里に帰るわけにもいかず、カピラヴァスツに引き返すわけですが、今で言えば、「産後の肥《ひ》立《だ》ちが悪かった」ということだと思います。

釈尊が生まれて一週間ぐらいで母が亡くなってしまったわけですが、「それが、おそらく、釈尊の幼少時から青年期に至る人格形成に影響《えいきょう》があったのではないか」と言われています。

「自分が生まれるのと引き換《か》えに母が命を失った」ということだと、現代的に考えても、影響がないわけはありません。

現代でも、子供を産むと、それと引き換えに、出血多量などで亡くなる人もいます。帝王切開《ていおうせっかい》や未熟児の早産《そうざん》などもあり、「奥《おく》さんとお子さんのどちらを助けますか」と医者から言われることもあります。

摩耶夫人も、そのようなことだったのでしょう。

叔母《おば》のパジャーパティーが義母になり、釈尊《しゃくそん》を養育した

そのころ、姉のマーヤーの出産を助ける意味で、妹のパジャーパティーという方も、カピラヴァスツに来ていました。

マーヤーとパジャーパティーとは、きょうだいといっても、年の差はかなりあったらしいのですが、姉が亡くなったあと、妹のパジャーパティーが釈尊《しゃくそん》を養育しました。この方は母の妹なので、釈尊にとっては叔母《おば》に当たります。

そして、これはインドやネパール辺《へん》ではよくあったことのようですが、姉の死後、その妹とシュッドーダナ王は再婚《さいこん》し、夫婦《ふうふ》になりました。

したがって、釈尊は義理のお母さんに育てられることになるわけです。彼女が本当のお母さんではないことを釈尊が教わったのは、おそらく、ある程度、物心《ものごころ》がついたころであったと推定されます。

幼少時に〝読み・書き・そろばん〟をマスターしていた釈尊《しゃくそん》

幼少時の釈尊《しゃくそん》については諸説あるのですが、だいたい信じられるのは、今の、小学校に上がるぐらいの年齢《ねんれい》になるころには、〝読み・書き・そろばん〟に当たるようなもの、「実用の学」のもとになるようなものを、だいたい全部マスターしていたということです。そのように言われています。

釈尊はカピラ城の跡取《あとと》り息子《むすこ》であり、王子として育てられていたのですが、〝読み・書き・そろばん〟は「帝王学」として非常に大事なことでした。

「読む」ということの対象は『ヴェーダ』です。古代から伝わっていた四つの尊い教えである『ヴェーダ』は、当時は粘土板《ねんどばん》のようなものなどに書かれていたりもしたようですが、それを暗唱《あんしょう》するのが「読む」ということです。

それから、字が書けましたし、算数もできました。

今でもインドあたりではそうですが、小さい手持ちの黒板のようなものに、計算を白墨《はくぼく》で書いたりしています。あのように、木製の板のようなものに書いて計算したりしていたようです。

算数はなぜ大事かというと、戦争をするときに必要だからです。

「兵士の数」と「戦争の日数」によって、「あとどのくらい兵糧《ひょうろう》が要《い》るか」というような計算などが要るのです。「どの程度、食糧《しょくりょう》が要るか」「何日ぐらい戦えるか」ということを暗算で計算できるような算数的才能を持っていないと、戦争はできないので、軍事的には、そういう算数的な考え方は必要であったと言えます。

そういうことは当時もあったと思います。

ですから、釈尊の頭は、そこそこよかったようではあります。

「釈尊《しゃくそん》は文武に秀《ひい》でていた」という説

体のほうについては、「弱かった。柔《やわ》だった」という説と、「武勇のほうも優《すぐ》れていた」という説と両方があります。

これについては、後世に書かれたものが多いので、何とも言えませんが、「釈《しゃく》尊《そん》以外には誰《だれ》も引けないような強弓《ごうきゅう》を引けた」とかいうような話もあります。

後《のち》に妻になるヤショーダラーのきょうだいであるとも言われていて、やがて釈《しゃ》迦《か》教団のなかで釈尊を裏切る人（ダイバダッタ）について、「釈尊と武勇を競《きそ》ったが、釈尊には勝てなかった」という話も遺《のこ》っているのですが、このへんには脚《きゃく》色《しょく》がありましょうから、よく分かりません。

あるいは、物語が発展して、「釈尊と、ヤショーダラーを取り合った」という話もあるのですが、もし、その人がヤショーダラーときょうだいだったら、それはないだろうと思うので、そのへんの話については分からないのです。

とにかく、「文武に秀《ひい》でていた」という意見を言いたいのが、普《ふ》通《つう》の仏教徒ではあろうかと思います。

「青少年期には木《こ》陰《かげ》などで瞑《めい》想《そう》していることが多かった」という説

一方、釈尊について、「青少年期には、おそらく、『母が亡くなり、自分は義母に育てられている』ということを知ったあたりから、憂鬱《ゆううつ》の気質が少し出てきて、抑鬱《よくうつ》気味《ぎみ》になってきたのではないか」という説もあります。

「瞑想《めいそう》的体質になり、木陰《こかげ》で、ずっと独《ひと》りで瞑想しているようなことが多かった」と書いてあるものもあります。

なかには、「太陽が動いても、釈尊、シッダールタのいる場所を日陰にしていた木の陰は動かなかった」と書いてあるものもあります。神秘的な話ですが、後世の弟子《でし》たちの気持ちが表れているかと思います。

「太陽が動いても木の陰が動かない」というのは、あってはならないことではあるのですが、「木が陰を本来の場所とは別な所に移してでも釈尊を護《まも》った」ということが言いたいのでしょう。

そういう考え方の例は、もう一つあります。

ブッダガヤ（成道《じょうどう》の地）や竹林精舎《ちくりんしょうじゃ》の沐浴《もくよく》池の岸辺にも長方形の池があります

が、そこには大きなコブラが平べったく頭を広げ、その下で釈尊が瞑想している姿の仏像があります。「雨が降ったので、コブラが体を広げて雨避《あまよ》けになり、釈尊を護った」という伝説があるのです。

これらの話は、「植物や動物も釈尊の瞑想を助けた」というような話です。そのまま信じるわけにはいきませんが、釈尊の気質をよく表しているものではあると思います。

釈尊の涅槃図《ねはんず》を見ると、ウサギやネズミ、鹿《しか》など、あらゆる動物が集まってきて泣いています。獰猛《どうもう》な動物まで来て泣いており、「動物たちにも惜《お》しまれた」ということが描《えが》かれています。

これは、ある程度、そうなのではない

入寂涅槃図《にゅうじゃくねはんず》

かと感じます。釈尊は、おそらく動物たちとも気持ちの交流ができる人であったと思うので、そういう意味での「サイキック（神通力《じんつうりき》保持者）」であったのではないかと思われます。

あるいは、仏伝《ぶつでん》には、「暴《あば》れている酔象《すいぞう》、酔《よ》っぱらった象を、釈尊がなだめてしまった」という有名な話が出てきます。これは、当会のアニメ映画のなか（映画「黄金の法」〔製作総指揮・大川隆法。二〇〇三年公開〕）にもありましたが、釈尊は動物たちに言葉を通じさせる力を持ってい

たようなのです。その意味で、この話も、まんざら嘘ではないかもしれません。釈尊は、「動植物にも愛されるような性格であった」というようには言われています。

巨象ナーラギリの暴走をなだめて止めた釈尊（映画「黄金の法」〔大川隆法製作総指揮／2003年公開〕より）。

一国の後継者として育てられ、
何不自由なく育った二十九歳の青年が、
前触《まえぶ》れもなく、城を捨て、身分・地位を捨て、
妻も子も捨てて、
山林の自由修行者となったのだから、
その衝撃《しょうげき》は当時でもかなり大きかったろう。

（「あとがき」より）

3　釈尊《しゃくそん》に出家《しゅっけ》を思いとどまらせようとした父王の〝作戦〟

「転輪聖王《てんりんじょうおう》」か「仏陀《ぶっだ》」か――アシタ仙人《せんにん》の予言

ただ、父親の浄飯王《じょうぼんのう》には気にかかることがありました。それは、釈尊《しゃくそん》が生まれて、カピラ城（カピラヴァスツ）に帰ってきたときのことです。

「イエスが生まれたときに、東方の三博士が訪ねてきた」という話がありますが、「釈尊が生まれたときには、アシタ仙人《せんにん》という『予言で有名な仙人』が訪ねてきた。そして、釈尊を見て涙《なみだ》を流し始めた」と言われています。

それで、父王は非常に心配して、「どうして泣くのか。この子の未来はどうなんだ。占《うらな》ってくれ」と訊《き》いてみたところ、アシタ仙人は、次のように答えたそうです。

「この人は、王様となるならば、『転輪聖王《てんりんじょうおう》』といって、法輪《ほうりん》を転じるように戦車を走らせて、天下布武《てんかふぶ》、天下統一をして、統一国家をつくるような覇者《はしゃ》になるでしょう。そうでない場合は、出家《しゅっけ》して仏陀《ぶっだ》になって、救世主になるでしょう。しかし、私は、長生きして、この人の教えを聴《き》くことができません。それが残念で泣いているのです」

父王は、釈尊が生まれてすぐのころに、アシタ仙人からそのような予言をされたため、それが非常に気にかかっていたのです。

四人の妻と三季の宮殿《きゅうでん》

釈尊は、十代に入るころあたりから、だんだん長ずるにつれて、物憂《ものう》げに考え込《こ》む習性や哲学《てつがく》的習性、瞑想《めいそう》をするような体質が出てきて、何かを深く考え込んでいるようなことが多くなってきました。

それで、父王は心配して、「嫁《よめ》でも取れば、もう少し明るく活発になるのではないか」というように思い、嫁取りをするわけです。

釈尊が最初に結婚《けっこん》したのはゴーパーという方です。この方は、それほど身分の高い方ではなかったものの、美人で有名な方ではあったようです。釈尊は、おそらく、十五歳《さい》以前にゴーパーと結婚したと思われますが、夫婦《ふうふ》としての付き合いがあったかどうかは定かではありません。

そのあと、二番目に結婚したのがヤショーダラーという方です。この方は、名門の出《で》で家柄《いえがら》があって、おそらく頭もいい人だったのだろうと言われています。ただ、仏伝《ぶつでん》のなかには、ヤショーダラーの性格について、よく書いてあるものもありますが、「やや問題があったのではないか」というように書いているものもあります。後《のち》の「釈尊の出家」に連《つら》なる話として、「ヤショーダラーが、自分の家柄がいいことと、頭がいいことでプライドが高く、高慢《こうまん》の気《け》があったために、釈尊は出家に至ったのではないか」というように見る人もいるのです。ただ、言い方はいろいろあるので、そうだったかどうかは分かりません。

ともあれ、それ以外にも、父王の〝作戦〟はまだまだ続きました。要するに、父王としては、「この世的に至れり尽《つ》くせりにして、出家などはさせないようにしよう」という気持ちだったと言われています。

例えば、「四季の宮殿《きゅうでん》」と言いたいところですが、インドには四季がないため、『夏の宮殿』『雨季《うき》の宮殿』『冬の宮殿』という『三季の宮殿』をつくって、それぞれの宮殿にお妃《きさき》を置かせた」というように言われているのです。

なお、最初に結婚した美人のゴーパーではなく、二番目に結婚した名家の出のヤショーダラーが、家柄の釣《つ》り合いから正妻になっています。さらに釈尊は、そのあと、マノーダラーという方とも結婚しました。

「出家《しゅっけ》しないように、この世に関心を持たせよう」とした父王

そして、よく四番目の妻として書かれているのがムリガジャーという方です。ムリガジャーは、「侍女《じじょ》出身で絶世の美女だった」と言われていますが、これは、カピラ城のなかで、夜、宴《うたげ》をやっていたということでしょう。当時は、キャバクラもありませんので、「お酒を飲んで、歌って踊《おど》って」という夜の〝ショータイム〟を自前でやっていたわけです。そこには踊り子もいました。「侍女五百人なりき」と仏伝にもよく書かれているので、全員が踊り子とは言えないものの、かなりの数がいたのではないかと思います。

なお、最近、出てくるいろいろな霊人《れいじん》のなかには、「(自分は過去世《かこぜ》で)そのあたりにいた」というようなことを言う方がたくさんいるため、少し語りにくいところがあります。「自分が酔《よ》い潰《つぶ》れて、よだれを垂らしているのを見て、釈尊は

無常《むじょう》を悟《さと》って出家《しゅっけ》したのではないか」と責任を感じているような方も、一部、出てきているので、このへんについては、あまり範囲《はんい》を広げたくないとは思っています。

いずれにせよ、「夜通し、飲み明かし、踊り明かしていた。そういう快楽の世界であった」ということでしょう。父王は、「釈尊に、この世のほうに関心を持たせて、出家したいなどと感じさせないようにしよう。考えさせないようにしよう」としたわけです。

ともかく、仏伝によっては、一部、名前等が変わっている場合もありますが、この四人の妃は名前が遺《のこ》っています。

中村元《なかむらはじめ》氏が釈尊《しゃくそん》を「議長の息子《むすこ》」のように捉《とら》える理由

もちろん、これは、やや戯曲《ぎきょく》調に書かれてはいるので、どの程度まで信じてよいのかは分かりません。ただ、釈迦国《しゃかこく》は小国とはいえ、釈尊《しゃくそん》の暮らしぶりがよかったのは事実だと思われます。

しかし、仏教学者の●中村元《なかむらはじめ》氏のような方は、おそらく、そうした「王子」や「王国」といったものは、封建《ほうけん》時代のようで嫌《いや》だったのではないでしょうか。そういうものは認めたくなかったのだと思います。それで、「釈迦国というのは、連邦《れんぽう》制のような国の一つで、その王族というのは、市会議長の家のようなものだ」「釈尊というのは、選挙で選ばれた議長の息子《むすこ》のようなものだったのだ」と考えていたようです。

ただ、こういう説は、戦後にＧＨＱ（連合国軍最高司令官総司令部）より「神《しん》道《とう》指令」が出され、仏教も無神論化されていく流れのなかで、仏教学者が生き残りを図《はか》るための苦肉《くにく》の策だったのだと思います。

中村元氏は、「人間・釈迦」ということをやたら強調しますし、そうした流れ

●**中村元**（1912～1999）　東京大学名誉教授。文学博士。インド哲学、仏教学、比較思想学の権威として、『東洋人の思惟《しい》方法』『インド思想史』等、多数の著作や論文を発表した。なお、幸福の科学の霊査《れいさ》で、死後、地獄の無意識界に堕《お》ちていることが判明。『仏教学から観《み》た「幸福の科学」分析』（幸福の科学出版刊）参照。

のなかでは、「仏教が封建的な制度の下《もと》にあった」とは言いにくかったのかもしれません。そこで、「釈尊は、いわゆる今の政治家の息子のようなものだったのだ」という言い方をしているわけです。

しかし、時代を考えれば、「王国があって王子がいた」と考えるのが、一般的《いっぱん》な筋《すじ》でしょう。今、選挙で選ばれる市長の子供のような人が、そんな贅沢《ぜいたく》をできるはずはないので、そうではなかっただろうと推定されます。

衛生観念に優《すぐ》れていた釈尊《しゃくそん》

なお、三季の宮殿には妃も住んでいたわけですが、これについては、「敵に夜《や》襲《しゅう》をかけられた場合、寝所《しんじょ》を一カ所にしているとそこを襲《おそ》われるので、どこで寝《ね》ているかを分からないようにする目的があった」と解説してあるものもあります。そういう意味で、「寝所を変えた」という言い方もされているのです。

また、仏典《ぶってん》では、釈尊《しゃくそん》の言葉として、着るものについて、「カーシー（現在のベナレス）産の絹以外は着なかった」というようなことがよく書かれていますが、これは、「そうとう上物《じょうもの》を着ていた」という意味なのだろうと思われます。カーシーというのは、絹織物でも特別の名産地であり、そこの絹となれば、とても肌《はだ》触《ざわ》りがいいわけです。

しかも、「それ以外は着なかった」ということなので、釈尊というのは、いろいろな仏典を読むかぎりでは、「皮膚《ひふ》感覚」や「神経」が非常に鋭敏《えいびん》な方だったのではないでしょうか。その後のたとえ話や説法《せっぽう》を聴いてもそう感じるので、そうとう皮膚感覚が鋭敏な方だったと推定されます。

ところが、インドは今でも衛生観念がすごく後《おく》れていることで有名なところです。ガンジス川についても、「一メートル流れれば、すべて浄化《じょうか》される」というような考えが流布《るふ》されていて、死体焼き場のすぐ下流で沐浴《もくよく》をしたり、その水でチャイを沸《わ》かしたり、ご飯《はん》を炊《た》いたりするようなことを平気でやっています。その考えは、もちろん、迷信《めいしん》と言えば迷信なのですが、そうとは理解しない国柄なのでしょう。

しかし、釈尊は、当時から衛生観念のようなものをすごく感じており、沐浴も一日に三回ぐらいしていたようなので、少し感じが違《ちが》うとは思います。今で言う、「深窓《しんそう》の令嬢《れいじょう》」ならぬ、「深窓の令息《れいそく》」だったのかもしれません。

実によく、釈尊《しゃくそん》の世話をした「マハーパジャーパティー」

おそらく、着るものなど、身の回りのことについては、「マハーパジャーパティー」という叔母《おば》であった義母が、そうとう配慮《はいりょ》したのだとは思われます。

ちなみに、マハーパジャーパティーの「マハー」というのは「偉大《いだい》な」という意味です。マハトマ・ガンジーの「マハトマ（マハートマー）」もそうですが、

「マハー」が付くと「偉大な」という意味になるのです。このマハーパジャーパティーは、尼僧団《にそうだん》の最初の尼僧になった方でもありますし、仏陀を育てたことでも有名な方なので、仏教においては尊敬されています。また、マハーパジャーパティーと釈尊《しゃくそん》との関係は悪くはなかったようです。義母ではあるものの、実の親のように、かいがいしく世話をされたようではあります。

やがて、シュッドーダナ王とマハーパジャーパティーの間にナンダ（難陀《なんだ》）という子供が生まれました。なお、ナンダも後に出家するのですが、この人は、今、密教のほうで「難陀竜王《なんだりゅうおう》」といわれてよく祀《まつ》られたりしているものの元かもしれません。

ともかく、現代的に考えれば、義理の弟ができたことも、多少、出家の原因になっているのではないかと推定されます。ただ、決して、義母によるいじめのようなものがあったわけではありません。シッダールタのほうが後継者《こうけいしゃ》であると確定はしていました。

4　釈尊《しゃくそん》が王子の地位を捨てて出家《しゅっけ》したきっかけとは

「ヤショーダラーとの結婚《けっこん》」と「一子《いっし》ラーフラの誕生」

なお、釈尊《しゃくそん》は奥《おく》さんを何人かもらったものの、すぐには子供ができていません。

ただ、ヤショーダラーとの結婚《けっこん》は、シッダールタが十六歳《さい》、ヤショーダラーが十三歳ぐらいのころであり、十三歳ではまだ子供ですので、最初は「ままごと」のようなものだったと思われます。おそらく、「早く囲い込《こ》んで、しつけて、家の家風を教え込む」ということもあったのではないでしょうか。

また、「シッダールタは、結婚し、初めて子供ができたときに出家《しゅっけ》した」とされており、出家の年齢《ねんれい》には諸説あるものの、「二十九歳説」がいちばん有力です。

ヤショーダラーとの間に一子《いっし》ラーフラ（羅睺羅《らごら》）が生まれていますが、結婚してから十三年たっているので少し長いことは長いかもしれません。

これについては、学者もいろいろと批評しており、「当時、すでに、釈尊は女性に対して嫌気《いやけ》がさしていて、関心がなかったけれども、後世に、男として能力がなかったと思われるのが悔《くや》しいので、一子をもうけて、その能力を持っていたことを示してから家を出たのだ」などと親切に書いてくださっている方もいました。

ただ、当時のインド・ネパール等には、「跡取《あとと》りの子供ができたら、出家してもよい」という風習があったと言われてはいるのです。

さて、僧侶《そうりょ》階級としては、伝統的に「バラモン」があり、次に、武士階級の「クシャトリヤ」、商人階級の「バイシャ」、奴隷《どれい》階級の「シュードラ」があって、さらに、その外側にアウトカーストの方がいました。こういう、「四姓《ししょう》」の階層が基本にあったのです。

そのなかで、バラモンは生まれつきバラモンでしたが、それ以外に、武士階級、あるいは商人階級も一部いたと思われますが、そういうところから家を出て、山林で自由修行《しゅぎょう》をする「サマナ」といわれる人たちがいました。それは、今の「沙《しゃ》門《もん》」という言葉のもとであり、インドの言葉で「サマナ」といいますが、当時、山林の自由修行者になるというのは、けっこう流行《はや》っていたのです。

例えば、「沙門空海《しゃもんくうかい》」という言い方がありますが、釈尊であれば「沙門仏陀《ぶっだ》」であり、サマナをしていました。要するに、僧侶階級に生まれなくても、宗教修行ができたわけです。

その条件の一つとして、「跡継《あとつ》ぎが生まれたら家を出てもよい」というものがあったと言われていますが、これは擁護《ようご》のためかもしれません。

いずれにしても、釈尊は、本来、人生のなかでめでたいことである跡継ぎが生まれたときに出家したとされているのです。

あるいは、「ヤショーダラーが身ごもったのを確認してから出家した」という説も一部あって、両方の説があるのですが、おそらく、釈尊はラーフラが生まれてから城を出たのではないでしょうか。生まれた赤ちゃんが男の子であることを確認して、出家をしたのではないかと思います。

「四門出遊《しもんしゅつゆう》」の説話と釈尊《しゃくそん》の出城《しゅつじょう》

さて、先ほども述べましたが、出家については、だいたい、「夜に飲めや歌えやの宴《うたげ》をやっていた。釈尊《しゃくそん》も、うつらうつらと寝《ね》ていたが、夜中にフッと目が覚めると、宵《よい》の口に、色とりどりの服を着てきれいに着飾《きかざ》り、歌い踊《おど》っていた美しい舞姫《まいひめ》たちが、ふしだらに寝乱れ姿で、よだれを垂らして寝ていた。それを見て、無常《むじょう》を感じ、出家した」というように書かれています。

確かに、気持ちとしては分からなくもありません。そういうこともありえるでしょう。

夜のパーティーなどではすごくきれいに見えていた人が、翌日になってみると、「ええ！　こんな人だったのか」と驚《おどろ》くようなこともあると思います。

私には経験がないので分かりませんが、「夜、ディナーパーティーのようなところへ行って、飲み食いし、ライトの下《もと》、シャンデリアの下で着飾って踊ったりしている絶世の美女を〝お持ち帰り〟して、ホテルとか、自宅とかに連れて帰った。一晩寝て、朝起きてすっぴんの姿を見たら、『あれ？　この程度の人だったのか』とショックを受けた」などということを経験される方もいるのではないでしょうか。

ともかく、釈尊が、明け方ごろに目が覚めてみると、妓女《ぎじょ》、踊り子たちが、よだれを垂らして寝ていたのを見て、「ふしだらで見苦しいな。こんなものに惑《まど》わされて、夜な夜な快楽を貪《むさぼ》っていた自分が恥《は》ずかしい」と思い、家を出たと言われています。

また、その前兆として、「四門出遊《しもんしゅつゆう》」の話などもあるのですが、これは、釈尊の知性から見て、どう考えてもありえない話でしょう。

その話によると、父親のシュッドーダナ王は、シッダールタが出家しないように、病人や老人など、そういう醜《みにく》いものをみな遠ざけて、お城のなかで見えないようにしていたというのです。

ところが、あるとき、釈尊は外を見たくなって、東西南北にある城門から出ていったところ、いろいろなものを見てしまいました。病人を見たり、老人を見たり、死人を見たり、あるいは僧侶を見たりして、「こんな世界があるのか」とショックを受けるわけです。

特に、僧侶を見たときに、出家の衝動《しょうどう》を強く覚えたと言われています。

しかし、いくらカピラヴァスツといえども、お年寄りもいれば、死ぬ人も出てくるでしょうから、釈尊がいい年になるまで、病人も死人も老人もまったく知らないというのは不思議な話です。また、僧侶をまったく見たことがないということも、ありえない話だと思います。

実際は、「さまざまな経験のなかで見たものが、出家前にフラッシュバックしてきて、いろいろと思われた」ということなのではないでしょうか。

「四門出遊」の話を否定するつもりはありませんが、劇にするのに都合《つごう》よくできているのではないかと思われます。

そうして、釈尊は、王子の身分を捨てて、夜明け前、未明に、愛馬カンタカにまたがって城門を出ました。

その馬の手綱《たづな》を引っ張ったのが、チャンナ（車匿《しゃのく》）といわれている人です。

そして、川のほとりまで来たときに、釈尊は髪《かみ》を下ろしました。要するに、断《だん》髪《ぱつ》です。そして、従者であったチャンナと服を取り替《か》えて、彼を城へ帰しました。

なぜそうしたのかといえば、チャンナが責任を問われるので、「釈尊の意志で出家したのだ」と城の人たちに知らせるためでしょう。そのために、着替えをし、馬も一緒《いっしょ》に帰したのだと思われます。

ちなみに、「愛馬のカンタカは、ショックのあまり、悲しみのあまり死んでしまった」という説もあります。このあたりはよく分からないのですが、そういうこともあったかもしれません。「釈尊が出家するときに使われた」ということで、あるいは、処刑《しょけい》されたのかもしれないとも思います。

釈尊が出家するためにカピラ城を出ていくシーン（出家踰城《ゆじょう》）を描いたレリーフ（『ブッダの世界』より、インド博物館所蔵）。

このあと、釈尊は川を渡《わた》って山林修行に入っていくわけですが、その間に、いろいろな宗教を幾《いく》つか回りました。有名なものは二つほどですが（注。「無所有処定《むしょうしょじょう》」を教えるアーラーラ・カーラーマ仙人《せんにん》や、「非想非非想定《ひそうひひそうじょう》」を教えるルドラカ・ラーマプトラ仙人のところ）、だいたい伝統的なヨガを教えていたところです。

しかし、そこで何カ月かずつ教わったところ、あっという間に先生の悟《さと》りまで達してしまい、物足りなくなってしまいます。確かに、「一切無所有《いっさいむしょゆう》」の教えを説いたり、あるいは、「一切は空《くう》だ」というような教えを説いたりしていたので、勉強はするのですが、「まだこれでは（悟りが）浅いのではないか」ということで納得《なっとく》がいかず、結局、自分の修行に入るわけです。

いつの時代も人は価値観を選びとる。
何を選びとったかで、
未来への道は決まる。
立志《りっし》がすべての始まりなのである。

（「あとがき」より）

5 「出家《しゅっけ》する」ことの本当の意味と試練

出家とは「この世のしがらみを断《た》ち、修行《しゅぎょう》態勢に入ること」

ここで、もう一度「出家《しゅっけ》の定義」をするならば、もともとの定義は、文字どおり「家を出る」ということです。

ただ、これには、インドの亜熱帯《あねったい》の気候もかなり影響《えいきょう》はしているので、北国ではなかなか同じようにはいかないでしょう。要するに、家を出て木の下で寝《ね》ても、凍《こご》え死んだりはしない状況《じょうきょう》にあったということです。温暖な気候であったために、毛布や布団《ふとん》がなくても寝られたわけです。そのため、インドの人は夜になると、「涼《すず》しい」などと言って、屋根の上で寝たりすることもあります。

　昔、私がインドを巡《めぐ》ったときにもそういうことがありました。車を雇《やと》い、ブッダガヤのほうまで走っていったとき、旅費にはホテル代も込《こ》みになっていたので、私はホテルに泊《と》まったのですけれども、運転手は、「ホテルに泊まると部屋代がもったいない」と言って、やはり、車のなかで寝ていました。

　ですから、その感じは二千五百年たっても同じで、「外でも寝られる」ということなのでしょう。寒くて死んだりするようなことはなく、車のなかでも十分に寝られる状況ではあるということです。

　出家とはそのような意味であり、「雨露《あまつゆ》さえしのげればよい」ということで家を出るのが原義なのです。

　ただ、これについては異論《いろん》もかなりあります。

　王家の跡《あと》を継《つ》ぐ者として教育を受け、至れり尽《つ》くせりの状態であったにもかかわらず、王の地位を継ぐことを捨てたのは、今で言えば、皇太子が家出《いえで》したようなものでしょうか。王としての業務を投げ捨てたということは、〝流行《はや》りの言葉〟で言えば、そのとおり、「契約違反《けいやくいはん》」と言えるでしょう。

「今までかかった二十九年間分のお金はどうしてくれるんだ。食べ物や人件費、寝泊まりしたときにかかったお金から、侍女《じじょ》たちや、いろいろなものに使ったお金を返せ！」などと言いたくなるところかと思います。

しかし、そういうものを断《た》ち切るのが「出家」ではあるわけです。

その意味では、出家は迷惑《めいわく》がかかるものですが、「この世の縛《しば》りをいったん断ち切る、捨てる」という意味があるのです。

そのため、西洋のほうの仏教文献《ぶんけん》等を読むと、出家に関しては、「大いなる放《ほう》棄《き》」ということを、よく強調しています。日本では、そういうことはあまり言われないのですが、「大いなる放棄」と言っているのです。

それは、要するに、地位を捨てただけでなく、当然、金銭も捨てたわけですし、

出家《しゅっけ》は迷惑《めいわく》がかかるものですが、
「この世の縛《しば》りをいったん断ち切る、捨てる」
という意味があるのです。
そのため、西洋のほうの仏教文献《ぶんけん》等を読むと、
出家に関しては、「大いなる放棄《ほうき》」ということを、
よく強調しています。

出家したときには髪《かみ》の毛を切っているので、髪も捨てたことになりますし、着ていたカーシー産の絹の着物も捨て、馬も捨て、すべてを捨てたというようなことでしょうか。そのように、「大いなる放棄があった」というようには言われているのです。

ただ、それだけで悟《さと》ったわけではなく、まずは、「この世のしがらみを断つことによって修行《しゅぎょう》態勢に入ること」を行《おこな》ったわけです。

「仏法《ぶっぽう》は王法に優越《ゆうえつ》する」という伝統的価値観

フロイトやユングなどと共に、最近、日本で有名になっている心理学者として、アドラー●という人がいます。このアドラーに言わせると、「人間の悩《なや》みというものは、すべて人間関係の悩みなのだ」ということのようです。

実際、歴史的には、「人間関係の悩みを断つために出家する」というケースは

●アルフレッド・アドラー（1870～1937）　オーストリアの精神科医。初めはフロイトの弟子《でし》だったが、精神異常の原因を過去の性的外傷体験に求めるフロイトの説に反対。新しい理論に基づく「個人心理学（アドラー心理学）」を創始した。日本では、近年、アドラー心理学を解説した『嫌われる勇気』がベストセラーとなった。

多くあります。

例えば、江戸《えど》時代などには、夫婦《ふうふ》関係の悩みで、なかなか縁《えん》を切れない場合に、奥《おく》さんが駆《か》け込み寺、縁切寺《えんきりでら》に逃《に》げ込む、あるいは、「草履《ぞうり》や下駄《げた》の一つだけでも門のなかに投げ込んだら離婚《りこん》が成立する」ということで、お寺がかくまうようなこともありました。

また、釈尊《しゃくそん》の時代から、ずっと、「仏法《ぶっぽう》は王法に優越《ゆうえつ》する」という言葉が伝統的に遺《のこ》っています。現代的には、法治《ほうち》国家の思想が強いので、なかなか理解してもらえないところがあるし、あるいは、危険思想のように思われることもあるかもしれませんけれども、王様の法も、仏教教団のなかには通用しなかったことが多くあるのです。

それは、一つには、「税が免除《めんじょ》されていた」ということです。普通《ふつう》の国民であれば、税金を取られるところを、出家者は税を免除されていたところがありました。

さらに、アングリマーラという殺人鬼《き》が、九十九人を殺し、百人目を殺そうとしたとき、あるいは一説では、九百九十九人を殺し、千人目で自分の母を殺《あや》めようとしたとき、仏陀《ぶっだ》が遮《さえぎ》って帰依《きえ》させたという話もあります。

ちなみに、日本にも、「弁慶《べんけい》は九百九十九本まで刀狩《かたなが》りをしたところで、千本目に出会ったのが牛若丸《うしわかまる》だった」というような話があるので、これは少しまねをしているのかもしれません。

いずれにせよ、アングリマーラのような、今で言えば全国指名手配となるほどの殺人鬼でも、頭を剃《そ》って仏陀教団のなかに入ってしまうと、王様が軍隊を率いて引っ捕《と》らえに来ても、捕《つか》まえることができないのです。

そのとき、仏陀が、「アングリマーラは出家して、もはや、この世、俗世《ぞくせ》の者ではない」というようなことを言うと、王様のほうは、「ああ、そうか。仏陀に帰依して、入ったのなら、もう王権が及《およ》ばない」ということで引き返していきました。そういうことも、仏典《ぶってん》にはよく書かれています（『大悟の法』『悟りと救い』〔共に幸福の科学出版刊〕参照）。

「心のなかで思っただけでも罪になる」のは法律より厳しい

仏教などの心の修行を行うところでの戒律《かいりつ》は、人間的な行動・行為《こうい》をもとにして、罪を犯《おか》したかどうかを見る、この世の法律とは違《ちが》います。

法治《ほうち》といっても、法律には、「行為が無価値か。結果が無価値か」など、いろいろあるものの、やはり、この世的なものに何らかの被害《ひがい》や損害が出なければ、犯罪に問われることはありません。しかし、宗教的には、心のなかの思いだけでも十分に罪になるほど厳しいのです。要するに、「出家教団のほうが、監獄《かんごく》に入《い》れるより厳しい」ということです。

宗教的には、
心のなかの思いだけでも
十分に罪になるほど厳しいのです。要するに、
「出家《しゅっけ》教団のほうが、監獄《かんごく》に入《い》れるより厳しい」
ということです。

監獄に入れれば、体の自由は奪《うば》えるけれども、心は、まだ何を思おうと勝手でしょう。ただ、出家教団のなかに入ると、心の思いまで罰《ばっ》されるというか、修正を要求されるので、もっと厳しいわけです。

つまり、監獄に入れて、本人の矯正《きょうせい》、更生《こうせい》を図《はか》るよりも、出家教団のなかに入って修行するほうが厳しいので、あえてそれをするほどのことはなかったのです。

これに関しては、イエスも同じようなことを言っています。イエスが教えとして語った言葉のなかにも、「心のなかで思っただけでも罪になる」というようなことを言っているところがあるのです。

これについては、私も、大学の法学部で、法学入門として法律学の概論《がいろん》のようなものを最初に受けたときに、英米法と憲法の権威《けんい》だった伊藤正己《いとうまさみ》先生が、首を横に振《ふ》りながら言っていたことを覚えています。首を横に振るのはインド人の癖《くせ》で、よく分からない場合などに、首を横に振って通り過ぎていくことがあるので

●伊藤正己（1919～2010）　日本の法学者。東京大学名誉教授、元最高裁判所判事。著書に『プライバシーの権利』『憲法』などがある。

すが、同じように首を横に振りながら、次のようなことを言っていたのです。

「心に思っただけで罪になるというのは厳しいですよね。『聖書《せいしょ》』ではこう書いてあるけれども、いくら何でも、それだけで犯罪にされてしまったらたまらないですよ。現代的には、そこまで問われないんですけれどもね」というようなことを言っていました。

もちろん、犯罪を犯したときの動機等については、多少は問われることもあります。「人を殺した」という行為があっても、「それは正当防衛だったか、あるいは故意の殺人があったか」というように、動機がどうだったかを問われることはあるでしょう。

また、法学部では、「未必《みひつ》の故意」という言葉を使います。

ちなみに、これを初めて聞いた学生は、この「未必の故意」というのが聞き取れず、「密室の恋《こい》」とノートに取ってしまったりするのです（笑）。

そのため、先生は、「君たちに間違いが多いので、ちょっと書いておくけど、『未必』というのは『密室』ではない。これは、『必ず、そうだ』と思ったわけではないのに犯してしまった罪ということだ」というように、黒板に書きながらいろいろと説明していたのを覚えています。なぜか、「密室の恋」のほうばかりが頭にあるのですが、その「恋」ではなく、「わざと」という意味の「故意」です。英語で言うと、"deliberately《ディリベレトリー》"でしょうか。

つまり、「『殺そうと思って、殺した』という明確な意思があったわけではないけれども、『殺してもやむをえないかな』というような気持ちがあったのではないか。包丁《ほうちょう》を握《にぎ》った段階で、実は、『刺《さ》し殺すこともありえた』ということぐらいは分かったのではないか」と言われたら、「なかったとは言えないのかな」ということです。

そのように、"必達《ひったつ》"のつもりでやったわけではないけれども、「わざと」という意味での「意」はあったという、「未必の故意」の場合は、責任を問われることもあります。

したがって、法律のほうにも、一部、心の問題が影響してはいますけれども、ただ、「心のなかで思っただけで罪になる」というのは、なかなか難しいことでしょう。

例えば、イエスの言葉のなかには、もっときついものがあって、「肉体的に女性を犯しただけでなく、目で犯しただけでも罪になる」というようなことを言っているものがあります。

なお、中世においても、修道院にいる男性で、それをそのまま信じ、「罪を犯した」と言って、自分の目をえぐり取った人もいるようです。

そのように、イエスは、「姦淫《かんいん》の罪を犯して、地獄（ゲヘナ）の業火《ごうか》に投げ込まれて焼かれるよりは、その目をえぐり取ったほうがましである」というようなことを言っています。かなり激しいことを言う人だとは思うのですが、実際、そのとおりにして、目をえぐり取って、包帯を巻いたままで修行をしていた人もいるわけです。

もっとも、イエスは、「心の罪」のことを言いたかったのだろうとは思います。ただ、言葉が足りないと、そういうこともあったりするのです。

あるいは、手を切り落としたりするような人もいたので、イスラム教と似たようなところもあったのかもしれません。

出家《しゅっけ》とは、自己の執着《しゅうちゃく》との戦いの〝始まり〟

そういうことで、釈尊は出家《しゅっけ》に至るわけですが、「社会的に罪を犯したか、犯していないか」ということで言えば、この世的な、常識的な意味においては、罪を犯したのではないかと思います。義務を放棄して、父や妻子を捨てて、国が滅《ほろ》びるということを知りながら家出したのであれば、それを、「罪を犯した」と言うこともありえるでしょう。

しかし、その「大いなる放棄」は、実は、もっと大きな目的のためになされたことであったのです。

もちろん、そうした「小さなカピラ城の安定や平和、永続を護《まも》るという契約に縛られ、それを全《まっと》うすることこそが正義であり、すべてである」というような考えはあると思います。

ただ、釈尊が出家をしなかったら、そもそも仏教はできませんでした。釈尊が出家したことによって、二千五百年にわたって仏教が世界に広がり、世界宗教になったわけです。その間《かん》に救った多くの人の数々を思えば、そういうものはしかたがないものであり、いわば、セミが殻《から》を脱《ぬ》いだようなものであるという考え方をするわけです。

そういうこともあって、仏教者がそれについてあまり問うことはありません。ただ、後世ではこれをまねして、妻子を捨てる人が数知れず出たので、その善《よ》し悪《あ》しについてはよく分からないところがあります。

いずれにせよ、出家するときは、だいたい、そういう俗世の生活を捨てることになります。

例えば、西行法師《さいぎょうほうし》は、もともとは「北面《ほくめん》の武士」だったわけです。今で言えば、国家公務員のエリート官僚《かんりょう》というところでしょうか。それにもかかわらず、出家したくなって、衣《ころも》の裾《すそ》にすがりつく小さい子供を縁側から蹴落《けお》として出家していくというシーンが、絵巻物によく描《か》かれています。

それがよかったのかどうかは分かりませんが、そういう気風《きふう》が残ってはいたようです。

そのように、「この世的な契約や義務、責任感等を捨てないと、もっと大きな

ものに目覚めることはできない」ということで、ある意味での「捨てる」という
ことが起きたのです。
この後《のち》、徹底的《てってい》に執着《しゅうちゃく》と戦うわけですが、出家は「執着との戦い」の〝始ま
り〟とも言えるでしょう。
出家には、社会的な地位や収入、生活の安定、あるいは、夫婦の円満や親子の
円満、親戚《しんせき》との円滑《えんかつ》な付き合い、近所との関係やお世話になった方との関係等を
ズバッと切ってしまうところがあります。
そのため、関係者からは、当然、非難を受けることになるわけです。
ただ、それを受けても、「やらねばならない」と思うかどうかというところで、
「志《こころざし》」と「意志の強さ」が試《ため》されているのではないかと思います。
そういうことで、釈尊は髪を剃《そ》って山林修行者になったわけです。

出家《しゅっけ》は
「執着《しゅうちゃく》との戦い」の
〝始まり〟とも言えるでしょう。

6　釈尊《しゃくそん》が発見した「出家《しゅっけ》後の正しい修行《しゅぎょう》のあり方」とは

当時の伝統的な出家修行の一つであった「断食行《だんじきぎょう》」

やがて、釈尊《しゃくそん》は、ウッダカ（ルドラカ）・ラーマプッタなど、当時、名前のあった人のところで勉強していくのですが、「どうも違《ちが》うのではないか」という思いが強くなっていきました。

彼らは、「本来、自分は何も持っていない」ということで、「一切《いっさい》のものを捨てる」「空《くう》だけを念じていればいい」「空に心を置いて考える」などといったことを説き、「空、空、空、空……」と言っているのですが、どうも違うような気がして、結局、伝統的な修行《しゅぎょう》に戻《もど》るわけです。

当時は、伝統的な出家《しゅっけ》修行の一つに「断食行《だんじきぎょう》」があり、そういう修行をするジャイナ教なども流行《はや》っていました。

ジャイナ教には、仏陀《ぶっだ》とほぼ同時代にいたと思われるマハーヴィーラという中興の祖がいます。この人は二十四代目と言われているので、一代当たり三十年と考えると、仏教よりもジャイナ教のほうが、六百年から七、八百年ほど古いと思われます。

ジャイナ教では、「生き物を殺さない」という不殺生《ふせっしょう》と、断食行を徹底《てってい》して行うのですが、仏教よりもずっときついのです。「断食中に死ねば聖人《せいじん》になれる」というような考えまでありました。

最近の例としては、「インド独立の父」といわれているガンジーもジャイナ教徒だったと思います。ジャイナ教は今もまだ残っているわけです。

なお、ジャイナ教の人たちは、道を歩くときも、「蟻《あり》などの生き物を踏《ふ》みつけて殺してはいけない」ということで、羽毛でつくった箒《ほうき》のようなもので道を掃《は》きながら、下ばかりを見て歩いています。ただ、何か人間が小さくならないか、ややや心配なところもあります。

これに対して、西洋文明のほうは、「羊を割《さ》いて食べる」「血を見て肉を食らう」というところから始まっているので、残酷《ざんこく》と言えば残酷でしょう。ただ、それが文明を進めた面も一部はあるのかもしれません。

そういう意味で、両者とも何とも言えないところはあります。

厳しい「肉体行《ぎょう》」によって霊的《れいてき》感覚を得ることもある

ともかく、釈尊は、最初は有名な人のところに弟子《でし》入りしたものの、外の人々では悟《さと》りがちょっと浅いと見て、次には自分で悟ろうとして、山林修行に入っていきました。そして、そのうちに、五人の修行者と知り合いになります。

ちなみに、この修行者には、「知り合った山林修行者たち」という説と、「実は、シッダールタの警護のために、シュッドーダナ王が密《ひそ》かに送った者たち」という説とがあります。

「警護のために人を送った」という説は、「釈尊が身分の高い人だった」と言いたかったことのように思われ、その可能性がないとは言えませんが、実際にはなかなか厳しいのではないかという気もするのです。

例えば、その五人が警護のために出家修行をするところまではよいとしても、その後、釈尊がスジャーターからミルク粥《がゆ》を供養《くよう》されたことで、彼らは「堕落《だらく》した」と言って、釈尊を捨ててしまいます。

もし、警護で送られた人が、釈尊を捨てて別れて、鹿野苑《ろくやおん》のほうに行ってしまったのであれば、〝CIA〟としての使命を果たしていないと思います。本当なら、「釈尊が堕落して還俗《げんぞく》するかもしれません」ということを、カピラヴァスツに報告しなければいけないのではないでしょうか。そのようなことから、やや無理があるような気もします。

そういう意味では、山林修行者だった人と出会っていたのかもしれませんが、そこで断食行《ぎょう》をして、口にするのは粟粒《あわつぶ》一つというような生活をしていたため、どんどん痩《や》せて、肋骨《あばらぼね》や血管が浮《う》き出た姿になってしまうのです。釈尊の苦行《くぎょう》した姿を描《えが》いた絵や像が寺院等にもありますが、そういうものを見ると、ガリガリに痩せて死相《しそう》が出ています。肋骨などの骨や血管が浮き出て、もう死ぬかどうかというところまで行っているのです。

ただ、肉体行に本当に意味があるかどうかは、いまだに問われているところで

断食《だんじき》する仏陀像（ラホール博物館所蔵）。

しょう。「やはり、そのプロセスは大事だ」として、いまだにそういうものをやっている人もいるし、「無駄《むだ》だ」と言う人もいるし、両方いるわけです。

確かに、千日回峰行《せんにちかいほうぎょう》などをしたあとに、断食行や断水行をすると、死の局面に達するらしく、その途中《とちゅう》でいろいろな声が聞こえたりするようになるとは言われています。

おそらく、肉体をそういじめることによって、「肉体」と「魂《たましい》」を結ぶ霊《れい》子線《しせん》のところも少し弱ってくるのでしょう。そのため、いろいろな幻影《げんえい》を見たり、霊的感覚を得たりすることが多いようです。

同じようなことは、インドのヨガの行者《ぎょうじゃ》たちもやっていて、麻薬《まやく》等を使う人もいます。肉体行のような、そういう面倒《めんどう》くさいことはせずに、「麻薬を吸えばトリップできる」ということで、そういうものを使って、体から抜《ぬ》け出し、霊体験をするような人もいまだにいるわけです。

このあたりは少々難しいところでしょう。昔から、宗教的にはところどころ使われていたかもしれませんが、人体に害があるということで、今は法律的に禁止されています。

「苦楽中道《くらくちゅうどう》の悟《さと》り」を得る

いずれにせよ、釈尊は絶食体験もしていたのですが、それでも悟《さと》り切れませんでした。

そこに、村娘《むらむすめ》のスジャーター（結婚《けっこん》していたという説もある）が現れて、お椀《わん》に入った一杯《ぱい》のミルク粥を差し出します。

ミルク粥とは、ミルクで煮《に》たお米のこと

村娘のスジャーターが釈尊に乳粥を供養するシーンを描いたレリーフ（幸福の科学 ネパール釈尊館所蔵、栃木県宇都宮市）。

ですが、それをお椀で一杯差し出されたので、釈尊はスッと食べたわけです。

そうしたミルク粥でなくても、焼き肉を食べたり、トンカツを食べたりすると、急に光が入ったようにパワーの出る感じがすることは、私たちにもあるでしょう。そのとき、断食していた釈尊にも、急に光が出るような感じがありました。

そして、「ああ、自分は、肉体をいじめて、死ぬ寸前まで来ていた。『生き物を殺してはいけない』という教えもあるが、自分も一人の生き物であることは間違いない。もし、自分を殺すことが修行であるならば、生まれてくること自体が間違いだったのではないか。悟りというのは、もっと違うところにあるのではないか」というようなことを考えるようになったのです。

これが「苦楽中道《くらくちゅうどう》の悟り」と言われているものです。

「王宮での生活のときのような快楽のなかにも悟りはなかったけれども、一方、苦行をして、穀物を断《た》って骨と皮ばかりになり、死にそうになりながら、大きな樹《き》の下で禅定《ぜんじょう》をしているだけであっても、自分は悟れなかった。そうした苦楽の両極端《きょくたん》を去って中道に入《い》ることが悟りなのだ」と、そのとき、釈尊は悟ったわけです。

そのあと、近くで修行をしていた五人の仲間たちにもそのことを伝えようとするのですが、スジャーターからお粥を供養された釈尊を見て、「あいつは堕落した。もう仲間じゃない」ということで、土を蹴《け》るように離《はな》れていってしまいました。

伝説によれば、釈尊は、自分の悟りが正しいものであるのか、あるいは、間違ったものであるのかを試《ため》したくて、布施《ふせ》を受けたお椀を尼連禅河《にれんぜんが》（ネーランジャラー河）に浮かべてみたといいます。すると、普通《ふつう》は川上《かわかみ》から川下《かわしも》へと流れるはずのところを、「もし、私が真の悟りを得たのであるならば、それは逆になるだろう」と思って眺《なが》めていると、最初は川下に流れようとしていたお椀が、川上に

「苦楽の両極端《きょくたん》を去って
中道《ちゅうどう》に入《い》ることが悟《さと》りなのだ」と、
そのとき、
釈尊《しゃくそん》は悟ったわけです。

向かって流れ始めたのです。魔法《まほう》のようではありますが、それによって、「ああ、やはり本物だったのだ」と知ったというように書いているものもあります。

菩提樹下《ぼだいじゅげ》で「三明《さんみょう》を得る」を経験した釈尊《しゃくそん》

そこで、五人の仲間は去っていったものの、釈尊《しゃくそん》はさらに悟《さと》りの探究を続けました。菩提樹下《ぼだいじゅげ》で延々と瞑想《めいそう》をするわけですが、その間に「三明《さんみょう》を得る」という経験をします。

仏典《ぶってん》には、その時間帯まではっきりと書いてあり、「夜中の三時から五時ぐらいの間に三明を得て、過去・現在・未来が視《み》えるようになった」のです。

過去、自分がどういうかたちで転生《てんしょう》したかという過程が視えたり、現在に生きている人たちの、いろいろな姿や考え方が視えたり、あるいは、未来の自分の姿などが視えたりしたと言われています。

●**三明**　過去世を見通す「宿命明《しゅくみょうみょう》」、未来の衆生《しゅじょう》の死と生を見通す「天眼明《てんげんみょう》」、仏教の真実によって煩悩《ぼんのう》を断滅する「漏尽明《ろじんみょう》」という、悟りに伴《ともな》う霊能力のこと。釈尊は、「過去を見通す目」、「未来を見通す目」、「現在を見通す目」という「三明」を得た。『釈迦の本心』第４章「空」の思想、『伝道の法』第３章人類幸福化の原点 参照。

過去、自分がどういうかたちで転生《てんしょう》したか
という過程が視《み》えたり、
現在に生きている人たちの、
いろいろな姿や考え方が視えたり、
あるいは、未来の自分の姿などが
視えたりしたと言われています。

7 出家《しゅっけ》後の悟《さと》り――「宇宙即我《うちゅうそくわれ》」とはどのような体験だったのか

ユングやシャーリー・マクレーンの幽体離脱《ゆうたいりだつ》体験

ものによっては、「菩提樹下《ぼだいじゅげ》で瞑想《めいそう》している間に『宇宙即我《うちゅうそくわれ》の悟《さと》り』を得た」としているものもあります。これは、理解不能なものかもしれませんが、「肉体を抜《ぬ》け出して幽体離脱《ゆうたいりだつ》をした釈尊《しゃくそん》が、宇宙大に広がった」とも、「大気圏外《たいきけんがい》まで出ていった」とも言われているのです。そういう説もあるわけですが、ありえないことではないと思います。

心理学者のユングでさえ、実は、そのような経験をしていたと言われています。

「肉体を抜《ぬ》け出して
幽体離脱《ゆうたいりだつ》をした釈尊《しゃくそん》が、
宇宙大に広がった」とも、
「大気圏外《たいきけんがい》まで出ていった」とも
言われているのです。

彼は、体を抜け出し、大気圏外に出て、宇宙から地球を眺《なが》めるような体験を述べているのです。これは、本来、宗教家になってもいいようなものかもしれませんが、そのような「悟りの体験」と同様の体験をしながらも、宗教家にならずに心理学者になった例もあるわけです。ユングの著作には、そういうことが書いてあります。彼は、それを明確に「魂《たましい》の離脱」というように考えていたわけではないものの、実際上、霊能者《れいのうしゃ》であったことは事実でしょう。ただ、フロイトの影響《えいきょう》も受けていたこともあって、そのことを学問的に記《しる》そうとしています。

近年では、シャーリー・マクレーンというアメリカの女優が、ちょうど私が教団を開いた立宗《りっしゅう》のころに、『アウト・オン・ア・リム』という本を出しています（日本語版は一九八六年に発刊）。

この書名の「リム」というのは、枝の先のようなところを表します。木に登って枝の先まで行き、果実を取ろうとするのは非常に危険なことですけれども、そ

●シャーリー・マクレーン（1934 〜）　アメリカの女優。1955 年「ハリーの災難」で映画デビュー、1983 年、「愛と追憶の日々」でアカデミー主演女優賞を受賞した。また、同年に発刊した自著『アウト・オン・ア・リム』のなかで自らの神秘体験を語り、ニューエイジの旗手としても知られる。

の危険を冒《おか》して、枝の先まで、要するに「アウト・オン・ア・リム」まで行かなければ果実は手に入れられないということでしょうけれども、日本語にうまく訳せないため、『アウト・オン・ア・リム』というそのままの題で本が出ました。

この本は、何百万部もの世界的なベストセラーとなり、さらに、シャーリー・マクレーン自身が自分で体験したことをそのまま映像にし、それもまたヒットしました。それは、ちょうど幸福の科学立宗のころか、そのあとぐらいのことでしょうか。その何年かの間に起きたことのようです。

自分の恋《こい》、ダンサーや女優など、さまざまな人生経験をしながら、神秘体験をした実質上のメンターのような人に導かれて、ペルーに行ってUFOのようなものを見たりしているのです。また、ペルーの鉱泉に浸《つ》かっている間に体外離脱の体験をしたことを、本や映像でも表しています。

川のほとりの小屋のようなところの温泉に入っていたら、魂が体から抜け出し、ずっと上空まで行って自分の体を見下ろす体験をしたということが、シャーリー・マクレーンの本には書いてありました。これも、「宇宙即我」に多少近い体験かと思います。

このシャーリー・マクレーンが、数あるアメリカのニューエイジ運動のなかでのリーダー格だったと言われています。

ただ、ニューエイジ系は、あまり大きな団体にならないという特徴《とくちょう》があり、大きいところでもせいぜい千人程度にしかなっていないようです。なぜかというと、個人的な悟りを求めるものが多いためで、そういう傾向《けいこう》がありました。

そういうことで、ちょうど私たちの宗教が立宗したころに、アメリカではニューエイジ運動がかなり流行《はや》っていたわけです。実は、トス神（エル・カンターレの魂の分身《ぶんしん》の一人）が北米担当をしていたので、裏では、そういうさまざまなニューエイジ運動をいろいろと起こしていたという事実があったようには聞いています。

霊界《れいかい》映画をつくった丹波哲郎《たんばてつろう》氏との縁《えん》

その当時、日本では、大俳優の丹波哲郎《たんばてつろう》氏が霊界《れいかい》についての本をたくさん出したり、「丹波哲郎の大霊界」（一九八九年公開）という映画をつくったりしていました。このシリーズは二、三作ほどつくったものの、赤字を出して借金を背負い、けっこう大変だったようです。

なお、幸福の科学の本部が西荻窪《にしおぎくぼ》の地下事務所にあったときに、丹波哲郎氏が私を訪ねてきて、面談したこともあります。

おそらく、それまでにも、ほかの霊能者のところへ行って、「過去世《かこぜ》は偉《えら》い人だ」などと言われていたのだろうと思われますが、私が、「過去世を鑑定《かんてい》してくれ」と頼《たの》まれたので調べてみたところ、あまり偉い人ではない方が出てきたのです。それを丹波氏に告げたら、カクッときたのか、その後、以前ほどには本を書かなくなった覚えがあるので、少々申し訳なかったかなと思います。

また、当時、丹波哲郎氏の主宰《しゅさい》していた「来世《らいせ》研究会」の事務局長だった人も、当会の正会員で、「これ、内容が全然違《ちが》いますものね」などと言っていました。まあ、ちょっとつれないと言えばつれないのですが、実際に、丹波さんの本はスピリチュアル系の本を読んで自分で書いていただけだったのに対し、当会では生《なま》の霊言《れいげん》がたくさん出ていたので、「内容が違いますからね」と、その事務局長が言っていたのを覚えています。おそらく、そういう立場だったのではないかと思います。

「幽体離脱《ゆうたいりだつ》」と「体外離脱」の違《ちが》い

そのように、体外離脱《りだつ》をして自分を見下ろすような体験というのは、釈尊のほかにも経験した人がいるので、実際にあった可能性はあるでしょう。

ほかにも、空海《くうかい》が室戸岬《むろとざき》のほうの洞窟《どうくつ》で瞑想していたときに、明星《みょうじょう》が口のなかに飛び込《こ》んでくる体験をしたという伝説があります。この「明星」とは金星のことでしょうが、洞窟のなかで瞑想していて、金星が口のなかに飛び込んでくるというのもおかしな話なので、おそらく、体外離脱、幽体《ゆうたい》離脱をして、宇宙にまで体が拡大していき、スポッと〝星を呑《の》み込む〟ような感じを受けたのではないかと思います。

ちなみに、「幽体離脱」については、最近、「体外離脱」と書かれたり訳されたりすることのほうが多くなっていますけれども、「体外離脱」と訳している人のなかには、霊魂《れいこん》を信じていない人のほうが多いということは知っておいてください。

そういう人たちが「体外離脱体験」と書くのは、「幽体」と書くと、霊がいる、あるいは、霊体《れいたい》があると認めることにもなるためでしょう。それは、「体の外にいたような感覚を得た」というだけであって、例えば、「病院の天井《てんじょう》から自分の体を見たというようような感覚を持つ」ということを、「体外離脱」と考えるわけです。

そのように、「幽体離脱」と言うと、本当に魂が抜けたような言い方となり、それを認めたくないために、「体外離脱」「体脱《たいだつ》」などという言い方をよく使っているので、このような使い分けがなされていることは、よく知っておいてください。

立花隆《たちばなたかし》氏なども、そんな感じで使っていると思います。

釈尊の悟りの中身については諸説があるものの、悟りも、最初の一回きりのものではなく、いろいろとやっているうちに深まっていったのも事実であり、最初の悟りは、やはり、そう大きなものではなかったでしょう。その後、教団をつくって広げていくなかに、大乗《だいじょう》仏教のもとになるような大きな教えも数多く入っているのではないかと思います。

8　宗教の普遍《ふへん》的な修行《しゅぎょう》は「執着《しゅうちゃく》を断《た》つこと」

「人間の本質は五官を超《こ》えた霊的《れいてき》存在だ」という悟《さと》り

悟《さと》りを求めるに当たり、修行《しゅぎょう》期間中のいちばん大事なこととしては、最初に「大いなる放棄《ほうき》があった」と述べましたが、地位等を捨てたことのほかに、もう一つには、「執着《しゅうちゃく》を断《た》つ」という修行が大きかったと言えます。

このこと自体は、いまだに、完全に間違《まちが》いとは言えない部分があります。

私たち宗教家が仕事をしている理由の一つは、結局、この世で学問をして、この世的に成功したり、お金儲《かねもう》けをしたり、地位があったり、ノーベル賞をもらったりしたような、よく知られた人であっても、死んだあとに迷っている人が大勢いるからです。迷っていたり、地獄《じごく》に堕《お》ちていたりする人がたくさんいます。

なぜ、そのようになるのでしょうか。

ほとんどの人は、この肉体を機縁《きえん》とした自己認識を持ち、「手で触《さわ》れたり目に見えたりするものの世界だけがすべてだ」と思っているわけです。どんなに賢《かしこ》い人でも、自分の「眼《げん》・耳《に》・鼻《び》・舌《ぜつ》・身《しん》」の五官で感じられるものこそが実在であり、見えるもの、住んでいる世界で触れるものが、世界のすべてだと思っているような人は数多くいます。

当然のことながら、理数系の天才にもそういう人はいます。また、この世的には出世したり名前のあったりするような方、例えば、政治家もそうでしょうし、哲学者《てつがくしゃ》などもそうでしょうが、そのような方はたくさんいるのです。

当会の霊言《れいげん》でも、ときどき、「あの世なんて、バカバカしい」と言っている人が出てきます。（すでに死んでいるのに）「自分はまだ病院に入院しているんだ」

自分の「眼《げん》・耳《に》・鼻《び》・舌《ぜつ》・身《しん》」の
五官で感じられるものこそが実在であり、
見えるもの、住んでいる世界で触《さわ》れるものが、
世界のすべてだと
思っているような人は数多くいます。

というようなことを言って、現在の自分の位置を分かっていない人がたくさんいるのです。

そうしたものを見ると、自分から五官を切り離《はな》し、本来、霊的存在であることを悟ろうとする修行は、やはり、宗教の普遍《ふへん》的なものとして一定の意味があったのだということは分かるでしょう。

そのように、自分自身の肉体が要求するものにとらわれ、どうしてもその欲求に勝てないことがあるので、それをあえて〝逆《さか》さま〟にして、その肉体の欲求を打ち消すような修行をする場合もあるわけです。

「断食《だんじき》」などもその一つでしょう。

イスラム教徒などには、週一日ぐらい断食をする人もいますけれども、断食をしているときに、やや霊的になるところもあるのだろうと思います。それから、肉体における惰性《だせい》、慣性の法則のようなものを破るところも多少はあるのではないでしょうか。

「色《いろ》・金《かね》・欲《よく》」を叩《たた》くジャーナリズムのなかにある〝宗教的な側面〟

今、週刊誌等でも、「色《いろ》・金《かね》・欲《よく》」というものを追及《ついきゅう》していて、「そこを叩《たた》いておけば部数が出る」とばかりにやっていますけれども、ある意味では、宗教的なものとの近接性がないわけではありません。

ただ、「週刊誌を書いている人は聖人《せいじん》ではない」というところが問題ではないでしょうか。彼らは、自分たちのことは棚《たな》に上げ、他人《ひと》のことをあげつらっているわけです。

もちろん、社会的地位や名誉《めいよ》を持っていたり、お金を持っていたりするような人を撃《う》ち落とすのが、〝庶民《しょみん》の娯楽《ごらく》〟の一つではあるので、そういうものに奉仕《ほうし》することでお金儲けをしているところはあるものの、裏側には、そういう宗教的なものも、多少、ないわけではないだろうと思います。

例えば、新潮社《しんちょうしゃ》の〝中興の祖〟になった人（齋藤十一《さいとうじゅういち》氏）も、ＰＬ教団（旧・扶桑教《ふそうきょう》ひとのみち教団）のほうから出たということで、もともとは宗教的なものを持っていたのでしょう。しかし、当会の研究によれば、おそらくは、その教祖と同じく、〝堕《お》ちているところ〟へ堕ちているのではないかと思われるので、何らかの間違いはあったのではないでしょうか（『仏説《ぶっせつ》・降魔経《ごうまきょう》』現象編——「新潮の悪魔」をパトリオットする』〔幸福の科学出版刊〕等参照）。

「色・金・欲」と言いますが、「色」は、男女の問題です。また、「金」は、お金の使い方が派手だとか、自分のものではないお金を横領したとか、背任《はいにん》したなどといったものです。「欲」は、出世欲や地位欲、権勢《けんせい》欲、名誉欲等です。

そういったものが出てきたらそれを叩くというのが、週刊誌ジャーナリズムの〝王道〟にはなっていますが、これも、多少、宗教的なものと関係のある面もないわけではありません。

「この世」をすべてだと思って、「肉体的な快楽」のほうに舵《かじ》を取れば、そちらのほうにすべて直結していくので、「いったん、そういうものを捨てた生活のなかに入る」というのが、昔からの出家《しゅっけ》のスタイルであったわけです。

資本主義の時代にも有効な修行《しゅぎょう》のあり方とは

ただ、資本主義の時代が始まり、必ずしも昔と同じにはならなくなった面があるかと思います。

釈迦《しゃか》やキリストの時代は、貨幣《かへい》経済等も大したことがなかったのですけれども、資本主義の時代が始まってからは少し考え方が変わり、例えば、キリスト教においても、「資本主義的発展をし、成功するためには、やはり、世俗内《せぞくない》的な禁欲が必要だ」などと言ったりするようになりました（マックス・ウェーバー）。

すなわち、お金儲けをするにしても、禁欲が要《い》るということです。「大事なことのために打ち込《こ》んで、汗《あせ》を流して一生懸命《いっしょうけんめい》に働き、神の栄光を持ち来たらすために頑張《がんば》れば、富がもたらされるのだ」というかたちで、幸福の科学で言うところの「愛・知・反省・発展」の四正道《よんしょうどう》における、「発展」の思想が出てくるわけです。

そのように、キリスト教では、「神の栄光」という目的のために、自助努力をし、世俗内的禁欲をすることによって、成功を果たしていくという考えが出てきました。

日本においては、二宮尊徳《にのみやそんとく》の考えにも同じようなところがありました。「自《みずか》らの分限《ぶんげん》を知り、贅沢《ぜいたく》をせずに富を蓄《たくわ》えて、大きな事業へと成していく。財政再建等も行《おこな》っていく」というようなことを言っていますが、こういう考え方が一つ加わってきます。

それから、幸田露伴《こうだろはん》の述べた「三福《さんぷく》の説（幸福三説）」という考えもあります。お金などの大きな富がいきなり入ってきたときに、「惜福《せきふく》」の心、福を惜《お》しむ心があるか。また、それを人におすそ分けするような「分福《ぶんぷく》」の心があるか。それから、将来のために、その福を植え込む「植福《しょくふく》」の心があるかどうか。このようなことを述べています。

これも一つの宗教的な悟りであり、渡部昇一《わたなべしょういち》先生などもよく紹介《しょうかい》されていることです。

実は、この三福の思想に当たるものは、仏陀《ぶっだ》の教えのなかに説かれているものなのです。仏典《ぶってん》のなかに説かれているものをもとに幸田露伴が書いたと思われるのですが、そこまでのルーツはあまり知られていないため、一般《いっぱん》には幸田露伴の説として紹介されています。実際は、そういうことも大事であるということが仏典に出ているわけです。

それは、どちらかというと在家《ざいけ》の人に対する説法《せっぽう》ではありますが、「収入を分けて考えるように」ということを、仏陀は説いていました。

例えば、「現在の生活を維持《いじ》するため」「周りの人を助けるため」「将来のため」というように説かれていて、三分法《さんぶんほう》ではなく、どちらかというと、四分法のほうにやや近かったと思われますけれども、収入を分けて使うように指導しているところがあります。

そのように、この三福の説のオリジンは仏教から出ているものです。仏陀の時代も、商業のほうが発達しつつあるころだったこともあり、原始的な悟りにとどまらず、在家の人にはそういった教えを説いていた面もありました。

一方、出家者に対しては、「お金には気をつけろ」ということを、ずいぶん言っていたと思います。

9　現代的な仕事でも、結婚《けっこん》や子育てが束縛《そくばく》になる面がある

一子《いっし》ラーフラの名付けの驚《おどろ》くべき由来

そのようなわけで、もともとは宮殿《きゅうでん》に住んで優雅《ゆうが》な暮らしをしていた人が、すべてを捨てて修行《しゅぎょう》したわけです。五官の欲をいったん滅《めっ》しなければ悟《さと》りが得られないということで、霊的《れいてき》になろうと努力し、霊的な感覚も持つようになっていきました。

また、教団が大きくなるにつれて、王家の代わりに、また、大教団としての組織運営をしなければいけない時代が来たわけです。

五官の欲をいったん滅《めっ》しなければ
悟《さと》りが得られないということで、
霊的《れいてき》になろうと努力し、
霊的な感覚も持つようになっていきました。

先ほど、釈尊《しゃくそん》が捨てたと述べた、養母のマハーパジャーパティーや妃《きさき》のヤショーダラー、息子《むすこ》のラーフラ（羅睺羅《らごら》）等も、結局、全員が「出家《しゅっけ》」しているわけです。

釈尊が修行して六年（九年と書かれているものもある）ぐらいたって、ある程度名前が知れ渡《わた》ってきたころ、帰城《きじょう》するよう、督促《とくそく》がたくさん来ました。

父から、「偉《えら》くなったのであれば、故郷《ふるさと》へ帰って、みんなにその教えを説いてくれ」と勧《すす》められたため、釈尊はいったん帰ったのですけれども、釈尊は城内にとどまることなく、城外にて野宿をして、なかには入らないのです。親の考えているいることを読んでいて、なかに入ったら、「もとに戻《もど》れ」と言われることは分かっているので、外で野宿をしたわけです。

そのとき、ヤショーダラーが、ラーフラに、「お父さんのところに行って財産を分けてもらいなさい」と言って釈尊のところに行かせると、釈尊はラーフラの髪《かみ》を剃《そ》って出家させてしまいました。

ちなみに、「ラーフラ」とは、「月が欠けていること」、あるいは、ひどい意味としては「悪魔《あくま》」を指すこともあるようですが、一般《いっぱん》には「障害物」という意味だと言われています。

シッダールタの子供が生まれて、「何という名前を付けたらいいですか」という問い合わせが来たときに、シッダールタは、「うわあ、ラーフラ（障害物）ができた！」というようなことを言ってしまったらしく、要するに、（出家の）「障害物ができた」と言ったところ、それが名前になったらしいのです。結果的に、かなりひどい名付け方になってしまったので、申し訳ないことではあるかもしれません。

ちなみに、以前、「悪魔ちゃん事件」というものがありました。これは、親が子供に「悪魔」と名付けたのですが、市役所側が、「この名前はいくら何でもひどいじゃないか。名前を変えてくれ」ということで、訴訟《そしょう》になったものです。

ところが、山折哲雄《やまおりてつお》先生も、「いや、釈尊も自分の息子に『悪魔』という名前を付けているんだ」というようなことを言っているので、そういう見方もあるのかもしれません。

ともかく、一般的に、「ラーフラ」は「障害物」という意味に取られているので、「妨《さまた》げができた」というようなことだったのでしょう。

一九八六年以降、家庭の難度が上がった理由

ただ、男性にとっては、結婚《けっこん》も、子供ができることも、一種の妨げであることは確かなのです。つまり、独身のときにはいろいろ自由にできていたものが、できなくなるからです。

例えば、独身であれば残業もできたでしょうが、結婚すると、「帰りが遅《おそ》いけ

ど、本当に仕事をしているのか」ということで、怪しんで電話をかけてくる奥《おく》さんもいます。あるいは、「課で飲みに行かなきゃいけない」と言っても、「本当かなあ。誰《だれ》かと遊びに行ってるんじゃないか」と疑って、ついには探偵《たんてい》をつけたりするようなこともあるかもしれません。

そのように、なかなか自由にならなくなるわけです。

さらには、子供ができると、「PTAに行ってくれ」、「保育園の送り迎《むか》えをしてくれ」、「塾《じゅく》の送り迎えをしてくれ」、「野球の大会があるから応援《おうえん》に行ってくれ」等、いろいろ言われるようなこともあるでしょう。

また、こういうことをしないと、アメリカ映画などでは、よく離婚《りこん》原因になっています。要するに、子供との約束を破ったりすると、「悪いパパだ」と言って裁かれるので、やはり、奮発して頑張《がんば》らなければいけないらしいのです。

そういう意味では、結婚して子供ができるとけっこう障害があるということは言えるのではないでしょうか。

ただ、最近は女性も男性と同じように仕事をするのが普通《ふつう》になってきたので、事情としては、余計に難しくなっているかもしれません。

ちなみに、幸福の科学が立宗《りっしゅう》した一九八六年には、「男女雇用《こよう》機会均等法」といって、「女性も男性と同じように扱《あつか》いなさい。採用や昇進《しょうしん》に差別をつけてはいけない」という法律が施行《しこう》されました。おそらく、政府のほうは、「そうすることによって税収が増える」と踏《ふ》んでいたと思われます。「男女両方から税金が取れるので、税収が増える」と見ていたのでしょう。ところが、実際には、結婚する人が減り、子供の数も減ってきたため、予定が狂《くる》ってしまったようです。そもそも、官僚《かんりょう》が考えることはよく外れるのですが（笑）、思うようにいかなくなりました。

その結果、「家庭」の難度がいっそう上がったところはあります。簡単に分かるとは思うのですが、やはり、経済的に自立してくると、人は我慢《がまん》しなくなるものです。自分に収入があれば、嫌《いや》な相手とはすぐに別れてしまうのは当たり前であって、そういうことが起きたのでしょう。あるいは、年金にしても、夫婦《ふうふ》で分《ぶん》割《かつ》してもらえるようになったら、定年離婚がやたらに増えてきているようです。

したがって、「お金の問題と結婚とは関係がある」と見たほうがよいでしょう。残念なことではありますが、理想的な社会の体系は、なかなか簡単につくれるものではないのです。

結婚《けっこん》後に「仕事の業績」が落ちる理由

ただ、このあたりについては、青春期に誰もが困るところかもしれません。

今でも、学生同士で結婚《けっこん》したり、結婚しなくても子供ができたりしたら、どちらか片方、あるいは、両方が退学することになるでしょう。子育てをするために働かなくてはいけなくなったりして、将来設計が狂うようなこともよくあります。

それを「ラーフラ」といっていいかどうかは分かりませんが、ある意味で「障害物」になることはあるわけです。

しかし、若いうちは、収入も少ないし、仕事も覚えていないので「なかなか結婚できない」というのは、明治以降もずっとそうでした。実は昔から、男性は三十歳《さい》ぐらいで結婚する人が多かったのです。つまり、十年ぐらいは働いた経験があるのが普通で、三十歳ぐらいになって、十歳ぐらい下の人と結婚するケースが多かったようではあります。また、若い人と結婚するので、子供の数が八人とか十人とかあるような人は大勢いました。

なお、三十歳ぐらいまで結婚できないとはいえ、昔は、「青線」や「赤線」と呼ばれる遊び場があって、結婚できない間は、そういうところにたまに遊びに行っていたのかもしれません。そうやって、結婚を先延ばししていたようなところがあったのではないでしょうか。ただ、今では、そういうものは公式には存在しないことになっています。非公式には存在しているにしても、公式には存在しないので、あるいは無理が来るところもあるでしょう。このへんは難しいところだと思います。

確かに、「独身主義」にもよい面があって、学者などの場合、独身でいると勉強や研究の時間、一人で考える時間が長く取れるのです。ところが、結婚すると、妻や子供のことなど、考えなければならないものの数が増えてきて、〝雑音〟が増します。つまり、宗教者だけではなく、学者であっても、仕事に支障が出るようなことはよくあるわけです。

例えば、学者は家で本を読んでいることも多いので、子守《こも》りや子育て、あるいは買い物に使われるようになり、だんだん研究ができなくなったりするケースもあるようです。

その点については、渡部昇一《わたなべしょういち》先生も、「学者は、独身時代に優秀《ゆうしゅう》であっても信用ならない。優秀なので助教授にしたのに、結婚したらとたんに業績がまったく出なくなった人がいる」というようなことを言っています。これは、結婚した相手によって、たくさんの雑用が発生したり、縛《しば》りが強くなったりしたせいだと思われます。

そのように、渡部先生は、「結婚していない人の業績は信用できない」といったことを言っているので、相手との組み合わせでどうなるかまで見届けないといけないところはあるのかもしれません。このあたりは、教訓として知っていなくてはいけないでしょう。

いずれにしても、結婚なり親子関係なりには、束縛《そくばく》の面があるわけです。

アドラーは、仏教の「中道《ちゅうどう》」のことを言っている

また、たとえどれだけ努力したとしても、逆に、それが裏目に出たり、恨《うら》まれ

たりするようなこともあるので、気をつけなければいけません。

例えば、先ほど挙げたアドラーの場合、「人は、ほめてもいけない。叱《しか》ってもいけない」とよく言っています。つまり、一般には、「ほめて人を育てるのはいいことだ」とされるのですが、ほめると必ず「承認欲求《しょうにんよっきゅう》」というものが出てくるので、ほめられないと、勉強したり働いたりしなくなるからです。

したがって、子供をほめたほうがいいと思って、テストで百点を取ったときに「賢《かしこ》いねえ」などと言っていると、承認欲求が止まらなくなり、大人になっても、その承認欲求は続きます。その結果、ほめてもらわないと欲求不満になってくるのです。

しかし、会社に入ってから、「百点取ってよかったねえ」といった場面はほとんどありません。そのため、子供時代にそういうことをほめられただけの人は、人間関係で問題を起こすようになります。

一方、否定されてばかりで、バカだ何だと怒《おこ》られ続けた人も、自分をすごく低く見たり、自虐《じぎゃく》的になったり、自暴自棄《じぼうじき》になったりするので、それもよくないわけです。

これは要するに、人間関係の取り方になるのでしょう。ほめるのでもなく、叱るのでもない、上手《じょうず》な人間関係の取り方が非常に大事なのだということです。

もちろん、これはそんなに簡単なことではありませんが、アドラーの言っていることは、仏陀《ぶっだ》の説いた「中道《ちゅうどう》」です。実は、「中道が大事だ」ということを言っているのだと思います。

10 釈尊《しゃくそん》は「禁欲」と「苦行《くぎょう》」をどう捉《とら》えたのか

ジャズ・ドラマーの映画「セッション」に描《えが》かれた〝苦行〟

確かに、禁欲の部分については難しいところがあって、自己を探究している人には、どうしてもそういう面はあるでしょう。これは宗教だけではなくて、ほかの分野にもあります。芸術の探究や、学問の探究など、職業的に何か一芸に秀《ひい》でようとする人は、なかなか金銭的な余裕《よゆう》もないし、人間関係で縛《しば》られるのも無理なところがあるので、禁欲的な部分がいまだに残っているのではないでしょうか。

例えば、「セッション」(二〇一四年公開のアメリカ映画)という、ジャズ・ドラマーと、その〝鬼《おに》コーチ〟との物語を描《えが》いた映画があります。これは、アカデミー賞を三つぐらい取った作品ですが、主人公は、ドラムをバチで叩《たた》きながら手が血だらけになるような、そういう厳しい訓練をしていました。日本で言えば、「巨人《きょじん》の星」や「あしたのジョー」のような感じかもしれません。そうやって、ジャズ・ドラマーでプロになるのはどれほど大変かを描いていたのです。

また、ドラマーにはほかにも代わりがいて、「三人の誰《だれ》を使うかは分からない」という状況《じょうきょう》でした。そのなかで、指揮者（コーチ）が、「テンポが速い！」とか、「遅《おそ》い！」とか、「もっと速く叩け！　もっと叩け！」などと言いつつ、物を投げたり、「おまえはアホだ！　家に帰れ！」などと罵倒《ばとう》したりしながら、まるで喧《けん》嘩《か》でもするように指導していたと思います。

映画「セッション」（デミアン・チャゼル監督／2014年公開／ソニー・ピクチャーズ・クラシックス）

そのせいか、アカデミー賞を取っているとはいえ、観《み》ていると、けっこう〝阿《あ》修羅波動《しゅらはどう》〟がきつい映画でした。また、ベータ波が強いので、私としては、「音楽が、あれで本当にいいのかな」と、やや疑問に感じるところもあったのです。

ただ、一心不乱《いっしんふらん》にやらなければいけないのはそのとおりであって、三人で一つのポストを争っていたら、それは大変でしょう。主人公は、映画館でバイトをしていた女性とデートするのですが、やがて、「君とデートしていたら、僕《ぼく》は練習ができる暇《ひま》がどんどん減っていく。僕は練習に打ち込《こ》まないと危ないんだ。だから、君との付き合いはやめる」というようなことを言います。

そして、「ドラムを叩いている間に君のことを考えたりしては駄目《だめ》なんだ。そんな時間があればドラムをやらなきゃいけないんだ」という感じで、血だらけになって練習するわけです。

結局、主人公は、コーチにクビにされるも、コーチから虐待《ぎゃくたい》があったことを告白したため、コーチのほうもクビになりました。その後、二人は別のところで出会うのですが、そこで主人公は独創的なドラムを叩き、指揮者（コーチ）を逆に引っ張るような場面があったのです。

そういう意味では、少し悲惨《ひさん》な部分がある映画ではありました。

ともかく、ドラマーとして三人で競争していたので、コーチに認められて地位を得たかったのでしょう。優勝しか考えていないようなコーチ（指揮者）だったために、そのポストを取るには、彼女との付き合いをやめるところまで入っていったわけです。

あるいは、そのあたりには「禁欲」と似たようなところがあるのかもしれません。今でも、何かで一芸に秀でようとしたら、「全部の時間をそれに集中したい。無駄なことはやれない」ということはあるでしょう。それは〝苦行《くぎょう》に当たる部分〟なのかもしれないのですが、印象に残るものがありました。

仏教が世界宗教になったのは、釈尊《しゃくそん》が「苦行《くぎょう》」を捨てて「智慧《ちえ》の教え」を説いたから

しかし、釈尊《しゃくそん》は、結局、単なる苦行《くぎょう》を捨てました。ミルク粥《がゆ》を食べたのですが、それは堕落《だらく》したのではなく、「真なる悟《さと》りは智慧《ちえ》のほうにあるのだ。智慧の存在が大事なのだ」というほうにシフトしたわけです。

なお、ここで言う智慧とは、●八正道《はっしょうどう》を中心とする「中道《ちゅうどう》の教え」の最初の部分です（苦楽中道《くらくちゅうどう》）。それ以外にも増えていきますが、まずは、八正道を中心とする自己反省の教え等で「心の錆落《さびお》とし」をし、死んでからあとに迷わないようにするために、「執着《しゅうちゃく》するなかれ」という無常《むじょう》観も教えました。

こうして、「苦行」を捨てて「智慧の教え」が説かれたために、仏教は世界宗教になったわけです。

●**八正道**　仏陀が説いた、苦を取り除き、中道に入るための八つの正しい反省法。「正見《しょうけん》」「正思《しょうし》」「正語《しょうご》」「正業《しょうごう》」「正命《しょうみょう》」「正精進《しょうしょうじん》」「正念《しょうねん》」「正定《しょうじょう》」の八項目を点検する。『釈迦の本心』第２章 八正道の発見、『太陽の法』第２章 仏法真理は語る（共に幸福の科学出版刊）等参照。

「苦行《くぎょう》」を捨てて
「智慧《ちえ》の教え」が説かれたために、
仏教は世界宗教になったわけです。

ただ、現代的に見れば、女性に対していまだに厳しすぎる言葉が遺《のこ》っているかもしれません。

例えば、釈尊はアーナンダ（阿難《あなん》）に対して、「とにかく女性は、怒《おこ》りっぽく、ひがみっぽく、嫉妬《しっと》深い」というようなことをずいぶんと言っています。

また、「人間は九穴《きゅうけつ》から液汁《えきじゅう》が出て汚《きたな》い」というようなことも言っていたようです。やはり、カーシー産の絹の衣服を着て、沐浴《もくよく》をしていた人には、衛生観念があったらしく、不潔なものに対する嫌悪《けんお》感を持っていたのでしょう。

いずれにしても、女性に対して、かなり厳しいことを言っています。

さらには、「女性が美しいからといって、色香《いろか》に迷うのは間違《まちが》いだ。皮一枚剝《む》けば、見られたもんじゃない」というようなことも、釈尊は説いていました。これもまた、女性に対して非常に厳しい話ですが、男性であっても同じことではありましょう。いくら二枚目だからといっても、皮一枚剝けば、もはや美男子ではありません。火傷《やけど》でもしたら見られなくなることもあるわけです。

同じような流れで言えば、中国の映画で、「画皮《がひ》　あやかしの恋《こい》」（二〇〇八年公開）というものがあります。これは、「皮を画《か》く」という意味になるのかもしれませんが、妖魔《ようま》（デーモン）が人間の姿を取って出てくる映画で、中国ではかなりヒットしたようです。生きている人間の心臓を食べ続けることによって不老不死でいられるという女性妖魔の話でした。内容については詳《くわ》しくは話しませんが、「画皮」という題は〝きつい〟ものの、「1」と「2」があって、「2」のほう（「妖魔伝　レザレクション」二〇一二年公開）もヒットしたようです。

結局、「皮一つ」ということなのでしょうが、これも、「皮を交換《こうかん》すれば、顔に

映画「画皮　あやかしの恋」（ゴードン・チャン監督／2008年公開／太秦）

傷を負った身分ある女性も恋されるようになるんだ」ということで、「妖魔の皮をもらって容姿をよくする代わりに心臓を差し出す」といった話だったと思います。

なお、その起源としては仏教的なものがあるのかもしれません。これは、中国の怪奇譚《かいきたん》である『聊斎志異《りょうさいしい》』のなかに入っているエピソードを使った映画なのですが、アメリカ映画の「シャドウハンター」（二〇一三年公開）のようなものよりはよくできている作品だったでしょう。「美女といっても、人間は皮一枚なんだ」ということをありありと描いているわけですが、これはやはり、釈尊の教えから来ているものであって、中国にもそういう思想が流れているのだと思います。

11　出家《しゅっけ》とは「大いなる目的」のための「常識との戦い」である

悟《さと》りを妨《さまた》げるために「常識」で攻撃《こうげき》してきた悪魔《あくま》たち

ともかく、いろいろあるにせよ、「悟《さと》りを得る」ために、あるいは、究極的な目的を達成するために、人は何かを捨てなくてはいけないとか、何かを抑《おさ》えなくてはいけないとかいう時期があるわけでしょう。

もちろん、それだけでは社会が崩壊《ほうかい》してしまうところもあるのは事実です。その意味で、確かに、釈尊《しゃくそん》は悟りの初期の段階において、「〝この世という家〟（人間の肉体）の梁《はり》や柱などの組み立ては悪魔《あくま》がやっているのだ」というように言っている部分もあるのですが、これは、「悪魔は、この世の世界に住みつきやすい。あるいは、肉体に住みつきやすい」と理解したほうがよいのではないでしょうか。やはり、「自分とは何か」を考えるときに、肉体を中心に自分を考えてはいけないし、肉体的幸福を中心に自分を考えてもいけません。「生きている間に、魂《たましい》の観点から、あるいは、肉体を去ったあとの心の観点から、自分というものを自覚する」ことが悟りなのだということです（注。釈尊の悟りの内容については、『釈迦《しゃか》の本心』『沈黙《ちんもく》の仏陀《ぶっだ》』〔共に幸福の科学出版刊〕などに詳《くわ》しい）。

ただ、この途中《とちゅう》には、「降魔《ごうま》」の場面がたくさん起きてきます。釈尊も、菩提《ぼだい》樹下《じゅげ》の降魔の際に、故郷《こきょう》のカピラ城に置いてきた女性たちがたくさん姿を現しました。実は、これは、マーラ・パーピヤスという悪魔の「娘《むすめ》たち」が化《ば》けていたのですが、ヤショーダラーやゴーパーのほか、いろいろな人に化け、「帰ってこい」と一生懸命《いっしょうけんめい》に声をかけたわけです。

「生きている間に、魂《たましい》の観点から、
あるいは、肉体を去ったあとの心の観点から、
自分というものを自覚する」ことが
悟《さと》りなのだということです。

しかも、それは当時のバラモン教の教えには、実に適《かな》っていることで、まさに「常識」でした。

要するに、バラモン教的に言えば、「家に帰って家族を守り、祖先からのしきたりを守って先祖供養《くよう》をする。護摩《ごま》を焚《た》くなどして、先祖を祀《まつ》るのがしきたりなので、世間《せけん》の常識どおりやれ」ということでしょう。しきりに魔がそう言うのを降《くだ》したのが、釈尊の降魔であったのです。

出家のとき、降魔《ごうま》のときに、世間《せけん》の常識は通用しないところがある

以上、簡単に、「釈尊の出家《しゅっけ》」と、「降魔の前後」について触《ふ》れました。実感のない人には、何回言っても分からないだろうとは思いますが、もしかしたら、人生のどこかで似たようなケースに遭遇《そうぐう》することはあるかもしれません。そのときに心して考えてください。

やはり、世間の常識というものが通用しない場合もあります。出家のとき、降魔のときに、それは通用しないのです。世間の常識はまったく合っておらず、通用しないところがあるのだということを知ってください。

大いなる目的を持ち、強い意志を持って突破《とっぱ》し、目的を実現しなければいけません。「より大きな目的のために、無理なことも危険なこともやっているのだ」と自覚することが大事だと思います。

やはり、世間《せけん》の常識というものが
通用しない場合もあります。出家《しゅっけ》のとき、
降魔《ごうま》のときに、それは通用しないのです。
大いなる目的を持ち、強い意志を持って突破《とっぱ》し、
目的を実現しなければいけません。

あとがき

出家は、共に道を歩む「法友《ほうゆう》」たちにとっては、祝福されるべきことだが、俗《ぞく》世《せ》に残された人々にとっては、ある種の「裏切り」や「喪失感《そうしつかん》」を感じさせるものともなろう。

一国の後継者として育てられ、何不自由なく育った二十九歳の青年が、前触《まえぶ》れもなく、城を捨て、身分・地位を捨て、妻も子も捨てて、山林の自由修行者となったのだから、その衝撃《しょうげき》は当時でもかなり大きかったろう。

反面、「悟り」を得るということの大切さを語る意味で、これ以上の事例もなかろう。その後、悟りを開いた釈尊のもとへ多くの人たちが出家してきた。マガダ国では、後継《あとつ》ぎの息子や妻、未成年者まで奪うということで、釈尊に対する轟々《ごうごう》たる非難も巻き起こった。釈尊はただ非難の鳴りやむのを待った。

いつの時代も人は価値観を選びとる。何を選びとったかで、未来への道は決まる。立志《りっし》がすべての始まりなのである。

二〇一七年　三月二日

幸福《こうふく》の科学《かがく》グループ創始者兼総裁《そうししゃけんそうさい》　大川隆法《おおかわりゅうほう》

『釈尊の出家』大川隆法著作関連書籍

『太陽の法』（幸福の科学出版刊）
『大悟の法』（同右）
『伝道の法』（同右）
『釈迦の本心』（同右）
『悟りと救い』（同右）
『沈黙の仏陀』（同右）
『仏教学から観た「幸福の科学」分析』（同右）
『「仏説・降魔経」現象編――「新潮の悪魔」をパトリオットする』（同右）

釈尊《しゃくそん》の出家《しゅっけ》

―仏教の原点から探る出家の意味とは―

2017年3月9日　初版第1刷

著　者　　大《おお》川《かわ》隆《りゅう》法《ほう》

発行所　　幸福の科学出版株式会社

〒107-0052 東京都港区赤坂2丁目10番14号

TEL(03)5573-7700

http://www.irhpress.co.jp/

印刷・製本　株式会社 堀内印刷所

落丁・乱丁本はおとりかえいたします

ISBN978-4-86395-887-6 C0014

本文写真：CORPORATION/amanaimages／アフロ

最新刊

上野樹里
守護霊インタビュー
「宝の山の幸福の科学」

大川隆法 著

もっと天国的な映画を！ 女優・上野樹里が大切にしている「神秘力」や「愛の思い」、そして「新しいルネッサンス」の胎動について守護霊が語る。

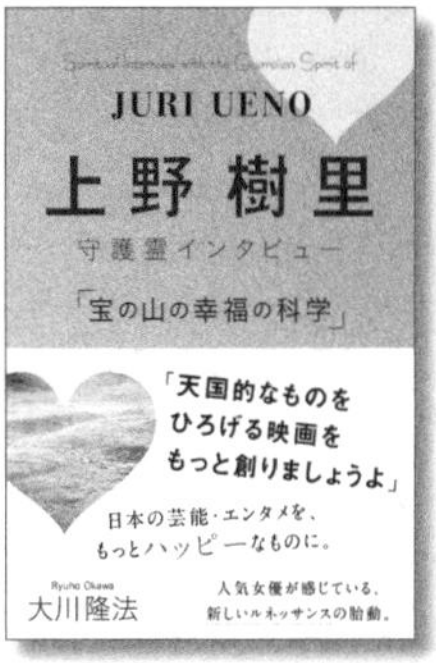

1,400円

守護霊メッセージ
能年玲奈の告白
「独立」「改名」「レプロ」「清水富美加」

大川隆法 著

なぜ、朝ドラの国民的ヒロインは表舞台から姿を消したのか？ なぜ本名さえ使うことができないのか？ 能年玲奈の独立騒動の真相を守護霊が告白。

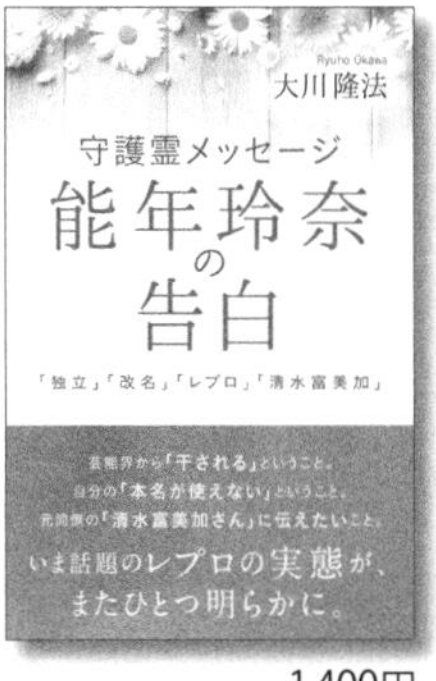

1,400円

芸能界の「闇」に迫る
レプロ・本間憲社長
守護霊インタビュー

幸福の科学広報局 編

女優・清水富美加の元所属事務所・レプロの不都合な真実とは？ 「時代錯誤の労働環境」や「従属システム」の驚くべき実態が白日のもとに。

1,400円

大川隆法「法シリーズ」・**最新刊**

伝道の法

法シリーズ
第23作

人生の「真実」に目覚める時

人生の悩みや苦しみは
どうしたら解決できるのか。
世界の争いや憎しみは
どうしたらなくなるのか。
ここに、ほんとうの「答え」がある。

2,000円

第１章　心の時代を生きる —— 人生を黄金に変える「心の力」
第２章　魅力ある人となるためには —— 批判する人をもファンに変える力
第３章　人類幸福化の原点 —— 宗教心、信仰心は、なぜ大事なのか
第４章　時代を変える奇跡の力 —— 危機の時代を乗り越える「宗教」と「政治」
第５章　慈悲の力に目覚めるためには —— 一人でも多くの人に愛の心を届けたい
第６章　信じられる世界へ —— あなたにも、世界を幸福に変える「光」がある

幸福の科学出版

※表示価格は本体価格(税別)です。

幸福の科学グループのご案内

宗教、教育、政治、出版などの活動を通じて、地球的ユートピアの実現を目指しています。

幸福の科学

一九八六年に立宗。信仰の対象は、地球系霊団の最高大霊、主エル・カンターレ。世界百カ国以上の国々に信者を持ち、全人類救済という尊い使命のもと、信者は、「愛」と「悟り」と「ユートピア建設」の教えの実践、伝道に励んでいます。

（二〇一七年三月現在）

愛

幸福の科学の「愛」とは、与える愛です。これは、仏教の慈悲《じひ》や布施《ふせ》の精神と同じことです。信者は、仏法真理をお伝えすることを通して、多くの方に幸福な人生を送っていただくための活動に励んでいます。

悟り

「悟り」とは、自らが仏の子であることを知るということです。教学《きょうがく》や精神統一によって心を磨き、智慧《ちえ》を得て悩みを解決すると共に、天使・菩薩《ぼさつ》の境地を目指し、より多くの人を救える力を身につけていきます。

ユートピア建設

私たち人間は、地上に理想世界を建設するという尊い使命を持って生まれてきています。社会の悪を押しとどめ、善を推し進めるために、信者はさまざまな活動に積極的に参加しています。

国内外の世界で貧困や災害、心の病で苦しんでいる人々に対しては、現地メンバーや支援団体と連携して、物心両面にわたり、あらゆる手段で手を差し伸べています。

年間約３万人の自殺者を減らすため、全国各地で街頭キャンペーンを展開しています。

公式サイト　www.withyou-hs.net

ヘレン・ケラーを理想として活動する、ハンディキャップを持つ方とボランティアの会です。視聴覚障害者、肢体不自由な方々に仏法真理を学んでいただくための、さまざまなサポートをしています。

公式サイト　www.helen-hs.net

INFORMATION

お近くの精舎・支部・拠点など、お問い合わせは、こちらまで！

幸福の科学サービスセンター

TEL. 03-5793-1727（受付時間 火〜金：10〜20時／土・日・祝日：10〜18時）

幸福の科学 公式サイト happy-science.jp

幸福の科学グループの教育・人材養成事業

ハッピー・サイエンス・ユニバーシティ
Happy Science University

ハッピー・サイエンス・ユニバーシティとは

ハッピー・サイエンス・ユニバーシティ（ＨＳＵ）は、大川隆法総裁が設立された「現代の松下村塾」であり、「日本発の本格私学」です。
建学の精神として「幸福の探究と新文明の創造」を掲げ、チャレンジ精神にあふれ、新時代を切り拓く人材の輩出を目指します。

学部のご案内

人間幸福学部

人間学を学び、新時代を切り拓くリーダーとなる

経営成功学部

企業や国家の繁栄を実現する、起業家精神あふれる人材となる

未来産業学部

新文明の源流を創造するチャレンジャーとなる

未来創造学部

時代を変え、未来を創る主役となる

政治家やジャーナリスト、ライター、俳優・タレントなどのスター、映画監督・脚本家などのクリエーター人材を育てます。４年制と短期特進課程があります。

・４年制

１年次は長生キャンパスで授業を行い、２年次以降は東京キャンパスで授業を行います。

・短期特進課程（２年制）

１年次・２年次ともに東京キャンパスで授業を行います。

HSU未来創造・東京キャンパス
〒136-0076
東京都江東区南砂2-6-5
Tel.03-3699-7707

〒299-4325
千葉県長生郡長生村一松丙 4427-1　TEL.0475-32-7770

幸福の科学グループの教育・人材養成事業

教育

学校法人 幸福の科学学園

学校法人 幸福の科学学園は、幸福の科学の教育理念のもとにつくられた教育機関です。人間にとって最も大切な宗教教育の導入を通じて精神性を高めながら、ユートピア建設に貢献する人材輩出を目指しています。

幸福の科学学園

中学校・高等学校（那須本校）
2010年4月開校・栃木県那須郡（男女共学・全寮制）
TEL **0287-75-7777**
公式サイト **happy-science.ac.jp**

関西中学校・高等学校（関西校）
2013年4月開校・滋賀県大津市（男女共学・寮及び通学）
TEL **077-573-7774**
公式サイト **kansai.happy-science.ac.jp**

仏法真理塾「サクセスNo.1」 TEL **03-5750-0747**（東京本校）
小・中・高校生が、信仰教育を基礎にしながら、「勉強も『心の修行』」と考えて学んでいます。

不登校児支援スクール「ネバー・マインド」 TEL **03-5750-1741**
心の面からのアプローチを重視して、不登校の子供たちを支援しています。
また、障害児支援の**「ユー・アー・エンゼル！」運動**も行っています。

エンゼルプランV TEL **03-5750-0757**
幼少時からの心の教育を大切にして、信仰をベースにした幼児教育を行っています。

シニア・プラン21 TEL **03-6384-0778**
希望に満ちた生涯現役人生のために、年齢を問わず、多くの方が学んでいます。

NPO 活動支援

学校からのいじめ追放を目指し、さまざまな社会提言をしています。また、各地でのシンポジウムや学校への啓発ポスター掲示等に取り組む一般財団法人「いじめから子供を守ろうネットワーク」を支援しています。

公式サイト **mamoro.org**
相談窓口 **TEL.03-5719-2170**
ブログ **blog.mamoro.org**

政治

幸福実現党

内《ない》憂《ゆう》外《がい》患《かん》の国難に立ち向かうべく、二〇〇九年五月に幸福実現党を立党しました。創立者である大川隆法党総裁の精神的指導のもと、宗教だけでは解決できない問題に取り組み、幸福を具体化するための力になっています。

幸福実現党 釈量子サイト
shaku-ryoko.net

Twitter
釈量子@shakuryoko
で検索

党の機関紙
「幸福実現NEWS」

幸福実現党 党員募集中

あなたも幸福を実現する政治に参画しませんか。

○幸福実現党の理念と綱領、政策に賛同する18歳以上の方なら、どなたでも党員になることができます。

○党員の期間は、党費（年額 一般党員5千円、学生党員2千円）を入金された日から1年間となります。

党員になると

党員限定の機関紙が送付されます。
（学生党員の方にはメールにてお送りします）
申込書は、下記、幸福実現党公式サイトでダウンロードできます。

住所:〒107-0052
東京都港区赤坂2-10-8 6階
幸福実現党本部

TEL **03-6441-0754**
FAX **03-6441-0764**
公式サイト **hr-party.jp**
若者向け政治サイト **truthyouth.jp**

出版メディア事業

幸福の科学出版

大川隆法総裁の仏法真理の書を中心に、ビジネス、自己啓発、小説など、さまざまなジャンルの書籍・雑誌を出版しています。他にも、映画事業、文学・学術発展のための振興事業、テレビ・ラジオ番組の提供など、幸福の科学文化を広げる事業を行っています。

アー・ユー・ハッピー？
are-you-happy.com

ザ・リバティ
the-liberty.com

幸福の科学出版

TEL **03-5573-7700**

公式サイト **irhpress.co.jp**

THE FACT

ザ・ファクト
マスコミが報道しない
「事実」を世界に伝える
ネット・オピニオン番組

Youtubeにて
随時好評配信中！

ザ・ファクト　検索

ニュースター・プロダクション

NEW STAR
PRODUCTION

ニュースター・プロダクション（株）は、新時代の“美しさ”を創造する芸能プロダクションです。2016年3月には、映画「天使に“アイム・ファイン”」を公開。2017年5月には、ニュースター・プロダクション企画の映画「君のまなざし」を公開予定です。

公式サイト **newstarpro.co.jp**

入会のご案内

あなたも、幸福の科学に集い、ほんとうの幸福を見つけてみませんか？

幸福の科学では、大川隆法総裁が説く仏法真理をもとに、「どうすれば幸福になれるのか、また、他の人を幸福にできるのか」を学び、実践しています。

入会

大川隆法総裁の教えを信じ、学ぼうとする方なら、どなたでも入会できます。入会された方には、『入会版「正心法語」』が授与されます。（入会の奉納は1,000円目安です）

ネットでも**入会**できます。詳しくは、下記URLへ。
happy-science.jp/joinus

三帰《さんき》誓願《せいがん》

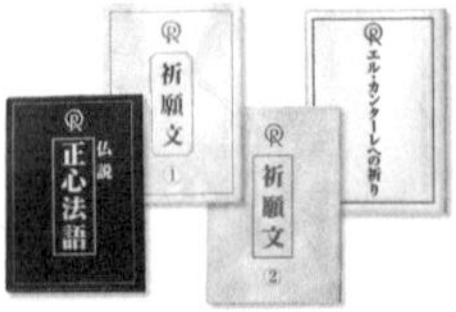

仏弟子としてさらに信仰を深めたい方は、仏・法・僧の三宝への帰依を誓う「三帰誓願式」を受けることができます。三帰誓願者には、『仏説・正心法語』『祈願文①』『祈願文②』『エル・カンターレへの祈り』が授与されます。

植福《しょくふく》の会

植福は、ユートピア建設のために、自分の富を差し出す尊い布施の行為です。布施の機会として、毎月1口1,000円からお申込みいただける、「植福の会」がございます。

ご希望の方には、幸福の科学の小冊子（毎月1回）をお送りいたします。詳しくは、下記の電話番号までお問い合わせください。

月刊
「幸福の科学」

ザ・伝道

ヤング・ブッダ

ヘルメス・
エンゼルズ

What's
幸福の科学

INFORMATION

幸福の科学サービスセンター
TEL. 03-5793-1727（受付時間 火～金：10～20時／土・日・祝日：10～18時）
幸福の科学 公式サイト **happy-science.jp**